André Vallana

111 Lieux autour du lac de Neuchâtel à ne pas manquer

111

emons:

MIXTE
Papier issu de sources responsables
FSC® C043106

Crédits couverture : André Vallana
Conception couverture : Karolin Meinert
Crédits photographiques : © André Vallana sauf chap. 4 Albert Anker (1831–1910), La Gymnastique, 1879, Huile sur toile, Collection Christoph Blocher © SIK-ISEA, Zurich
Archives : Recensements architecturaux des cantons de Berne, Fribourg, Neuchâtel et Vaud, Archives de l'État de Neuchâtel, Fonds Deneke Mendelssohn /Bodleian Library de l'Université d'Oxford
Mise en page : Editorial Design & Artdirection, Conny Laue, d'après un concept de Lübbeke | Naumann | Thoben
Cartographie : altancicek.design, www.altancicek.de d'après OpenStreetMap
Impression et façonnage : Grafisches Centrum Cuno, Calbe

Achevé d'imprimer en 2024
Dépôt légal : mai 2024
ISBN : 9978-3-7408-1912-5

Avant-propos

Découvrir le lac de Neuchâtel et ses rives en 111 histoires, tel est le voyage auquel je désire vous convier. La porte d'entrée à cette aventure sera le cadre naturel exceptionnel : alors adolescent, j'avais fait du porte-à-porte pour vendre des « timbres-nature » afin de sauver la Grande Cariçaie, la grande réserve du sud du lac. Quel plaisir de revenir sur ces lieux, de joindre pour la première fois un téléobjectif ou une lentille macro à mon appareil photo et d'y saisir les spectacles de la biodiversité. Le martin-pêcheur de la page de couverture et d'autres oiseaux vous attendent dans ces pages, sans oublier les découvertes botaniques et arboricoles. Je vous raconte les moments les plus poignants de mes pérégrinations, qui vous donneront, je l'espère, quelques idées pour vos prochaines balades.

Ensuite, pour vous présenter les activités emblématiques de la région, j'ai privilégié les approches décalées : vous connaissez certainement les grandes manufactures horlogères de l'Arc jurassien, permettez-moi de vous présenter quelques micro-marques et des pendules personnalisées. J'aimerais vous parler de l'Œil-de-perdrix, le rosé emblématique neuchâtelois, en le comparant au vin orange qui lui fait un pied de nez. Laissez-moi également vous raconter le patrimoine et les traditions vivantes en les abordant avec des thématiques moins explorées, mais tout aussi passionnantes. Plusieurs chapitres reviennent enfin sur des anecdotes étonnantes liées à des personnalités célèbres : la colère de Goethe, le petit-déjeuner de Napoléon, le lieu d'inspiration d'une œuvre de Dürrenmatt, le village de l'aïeul de Barack Obama…

Le choix de ces sujets est naturellement subjectif, fondé principalement sur de passionnants entretiens avec les conservateurs des réserves naturelles, des spécialistes de l'histoire et du patrimoine ainsi qu'avec ceux qui perpétuent les savoir-faire artisanaux et les héritages locaux. C'est à toutes ces personnes qui m'ont ouvert leurs portes et qui m'ont raconté notre région que je dédie cet ouvrage.

111 Lieux

LEVUE

1 Le canal aux nénuphars

Un tapis d'élégance

Le vélo se prête à merveille à la découverte de la rive sud du lac de Neuchâtel. Les sentiers pédestres de la Grande Cariçaie peuvent également être empruntés avec la petite reine, même si la prudence vis-à-vis des piétons s'impose. À vélo, la cadence est fortement augmentée par rapport à la marche et permet plus d'explorations en une journée.

Pour de nombreux cyclistes, la gare d'Anet (Ins en allemand) représente un bon point de départ. En empruntant le train, il est de plus possible de choisir un parcours autre qu'une boucle. L'un des trajets les plus appréciés est celui entre Anet et Yverdon, une étape de la route cycliste Mittelland qui mène en 7 jours – pour les plus entraînés – de Romanshorn, tout à l'ouest de la Suisse, près du lac de Constance, jusqu'à Lausanne. Bien sûr, il est également possible de ne faire que l'étape au sud du lac de Neuchâtel, qui compte 51 kilomètres, ou une partie de celle-ci, en s'arrêtant, par exemple, à Estavayer-le-Lac. L'itinéraire est bien balisé, les flèches bleues portant le numéro 5 permettent de suivre le parcours facilement.

De juin à septembre, l'étape commence avec une très jolie surprise : on longe sur plus de 1 kilomètre un canal tapissé de nénuphars blancs. Ces fleurs d'une rare élégance, qui se ferment durant la nuit et s'ouvrent en début de journée, se développent ici naturellement, sans avoir été semées. Les nénuphars ne font pas l'objet de protection particulière dans la région de la Grande Cariçaie, et même si leur présence a régressé, ils ne sont pas menacés. On en trouve deux espèces : le nénuphar blanc, le plus courant, qui apprécie les eaux « immobiles » ; le nénuphar jaune, plus rare mais pas en danger, qui préfère les eaux « lentes ». Les deux variétés se développent dans des milieux qui contiennent moyennement (mésotrophes) ou beaucoup (eutrophes) de nutriments. Le nom nénuphar vient de l'égyptien *nanoufar*, qui veut dire « les belles » : un bel hommage à ces élégants ambassadeurs de la Grande Cariçaie.

Adresse Canal d'irrigation, 3232 Anet (Ins) | **Transports en commun** Arrêt CFF Anet/Ins. Continuer à pied ou à vélo en suivant les panneaux bleus « Route Mittelland ». Le canal se trouve entre Anet et le pont Rotary, près du camping Les Trois Lacs | **À savoir** Des nénuphars blancs recouvrent également en saison les étangs devant les observatoires au ras de l'eau de Champ-Pittet et du centre nature de La Sauge.

2 L'Hôtel Bahnhof

Dürrenmatt et sa « vieille dame »

En 1986, la presse suisse annonçait que la pièce de Friedrich Dürrenmatt *La Visite de la vieille dame*, qui l'a rendu mondialement célèbre, allait être jouée sur les « lieux de l'histoire ». Le metteur en scène bernois Lukas Leuenberger – qui n'avait que 23 ans à l'époque et qui devint ensuite le promoteur d'autres représentations théâtrales monumentales dont un *Guillaume Tell* sur la prairie du Grütli – monta la pièce sur une scène installée devant l'Hôtel Bahnhof, l'hôtel de la gare d'Anet (Ins en allemand). Le bâtiment et sa terrasse de type Heimatstil (le style paysan à la sauce bourgeoise) ont été « complètement intégrés à la pièce », relatait l'Agence télégraphique suisse.

Dans l'ouvrage, l'action se déroule à Güllen, un dérivé du mot allemand signifiant « purin », qui reflète les turpitudes humaines mises en scène dans la pièce. Claire Zahanassian, née Wäscher, revient dans le village de sa jeunesse, qui se trouve au bord de la faillite. La vieille dame est prête à sortir la cité de son marasme, mais elle a des comptes à régler… C'est Dürrenmatt lui-même qui a expliqué avoir trouvé à Anet l'inspiration pour son œuvre en contemplant depuis le train l'« affligeante petite gare » et la « pathétique » rue qui la longe. S'il avait pris le temps d'en descendre, il aurait découvert au centre du village les belles maisons paysannes et son opinion aurait certainement été bien différente…

Installé à côté de la gare, l'Hôtel Bahnhof, construit au début du XXe siècle et qui vient d'être élégamment rénové, vaut également le coup d'œil. Les locaux ont été transformés et sont désormais loués à des travailleurs saisonniers. Juste devant la maison est installé un *food truck* qui propose des spécialités turques et suisses. Duran Arik et son fils Emin, les sympathiques propriétaires, expliquent que des gens du monde entier viennent dans la région pour y observer les oiseaux. Mieux vaut ce genre de clients qu'une milliardaire rongée par un désir de vengeance…

Adresse Bahnhofstrasse 106, 3232 Anet (Ins) | Transports en commun Anet CFF Anet/Ins. L'hôtel et le snack Arik se trouvent à 50 mètres de la gare | Horaires d'ouverture Snack ouvert tous les jours de 9 h à 21 h | À savoir L'ancienne propriété de Friedrich Dürrenmatt à Neuchâtel a été intégrée dans un centre-musée ouvert au public.

3 Lilienhof

Toiture bernoise typique tout en rondeur

En vous promenant dans le Seeland, la région majoritairement bernoise des plaines entourant les lacs de Neuchâtel, Bienne et Morat, vous serez impressionné par les berceaux des toitures, tout en rondeur. Les Suisses allemands les appellent d'ailleurs *Ründi*, c'est-à-dire « petit cercle ». En français technique, on parle de « toitures à demi-croupes en berceau ».

Ce genre de couverture a été introduit dans les villes bernoises à partir du XVIe siècle. Ce n'est que 200 ans plus tard qu'elles sont venues coiffer les fermes. La popularité atteignit un pic durant la première moitié du XIXe siècle : plus de 80 % des maisons de la région étaient alors couvertes de cette manière. Un bel exemple de cette architecture peut être découvert au centre d'Anet, à la Dorfstrasse 22. Le manoir a été construit vers 1740 par des patriciens bernois et baptisé « Lilienhof », « le domaine des lilas ». Se sont succédé plusieurs autres propriétaires, dont des médecins, et en 1955 le domaine fut repris par l'institution du Schlössli, une école anthroposophe qui a existé jusqu'en 2004. En 1985, la propriété a été classée par le service du patrimoine et, aujourd'hui, elle est occupée par plusieurs institutions à caractère social ou thérapeutique, ainsi que par des familles.

La grande salle représentative, qui peut être visitée et louée sur demande, porte le nom de Rodolphe II de Fenis. Ce souverain, qui a été coseigneur de Neuchâtel, est resté dans l'histoire comme *Minnesänger* et pont entre deux cultures. Il a en effet repris des mélodies de troubadours de langue romane pour les adapter en allemand. Ses chansons courtoises tirent souvent vers la lamentation, comme en témoigne cet extrait de l'une de ses mélodies : « Je l'aime, elle qui ne fait que me haïr, et je l'aimerai toujours, quoi qu'il advienne de moi. » Quelques épisodes plus joyeux et romancés de son histoire ont inspiré une comédie musicale co-écrite par Élie Chouraqui et présentée au théâtre du Passage de Neuchâtel en 2022.

Adresse Dorfstrasse 22, 3232 Anet (Ins), www.schloessli-ins.ch | Transports en commun Arrêt CFF Anet/Ins ; Train S37 ou car postal 521, arrêt Ins – Dorf | À savoir En face du Lilienhof se trouve l'auberge Wilder Mann, qui est également coiffée d'un toit traditionnel (moins en rondeur cependant) et qui propose une cuisine traditionnelle bourgeoise.

4 Le préau de l'école secondaire

Albert Anker y a peint une leçon de gymnastique

Albert Anker est l'un des peintres suisses les plus célèbres, qui s'est fait connaître par ses scènes de la vie rurale suisse du XIXe siècle. Il a passé sa jeunesse, de nombreux étés ainsi que la fin de sa vie à Anet. Il avait installé dans la maison familiale un atelier, qui a été conservé dans son état d'origine. Intégré dans l'ensemble baptisé « centre Albert-Anker », flanqué d'un nouveau pavillon, le bâtiment vient d'être assaini et une nouvelle exposition permanente y retrace la vie et la personnalité de l'artiste.

Un autre endroit dans le village permet d'en apprendre un peu plus sur l'artiste : la cour du collège d'Anet. C'est ici qu'Anker a planté son chevalet en 1879 pour immortaliser une leçon de gymnastique. Le souvenir de cet épisode n'a pas été oublié : un panneau a été installé sur place et les enseignants ont développé un programme permettant de superposer la vue d'alors avec celle d'aujourd'hui. Pour la photo, le directeur a également eu la gentillesse de déplacer les containers qui sont normalement déposés aujourd'hui du côté « Anker » de l'école. En effet, celle-ci a été bâtie en deux phases : en 1868 pour le côté gauche, alors que le pan droit date du XXe siècle, après le passage du peintre.

Pour ceux qui se sont penchés sur l'œuvre d'Anker, le choix du sujet n'est pas une surprise. Il s'est en effet souvent inspiré de scènes d'école en peignant, par exemple, des enfants en promenade ou d'innombrables portraits d'écoliers, certains en train de faire leurs devoirs ou tenant sous leur bras cahiers ou cartables. Anker aimait peindre les enfants, disait-il. Sur le tableau, ils se tiennent bien droits et l'enseignant est tiré à quatre épingles. La gymnastique avait été introduite au programme scolaire seulement quelques années auparavant. Même si cette décision découlait d'une prise de conscience accrue du bien-être personnel de l'enfant, elle avait également pour but de préparer les élèves au service militaire du jeune État fédéral.

Adresse Dorfstrasse 11, 3232 Anet (Ins) | Transports en commun Arrêt CFF Anet/Ins ; Train S37 ou car postal 521, arrêt Ins–Dorf | À savoir Le centre Albert-Anker se situe à la Müntschemiergasse 7, à 5 minutes à pied de l'école.

5 Le Schlössli

Un parc né sous la bonne étoile

Schlössli signifie « petit château » en allemand. La tourelle de la maison dite « du Rosenhof » rappelle en effet qu'elle était, à l'origine, la résidence d'été de riches familles bernoises, puis neuchâteloises. Le nom de Schlössli est également lié à l'école anthroposophe qui occupait la maison ainsi qu'une vingtaine d'autres propriétés à Anet de 1953 à 2004.

Le parc du Schlössli, qui a été aménagé durant la période où le domaine était occupé par l'école, reste aujourd'hui accessible au public. Une fois par an est également organisée ici une fête du Schlössli, ouverte à tous et où un grand nombre d'anciens élèves en profitent pour saluer Ueli Steiner, l'ancien directeur de l'école et propriétaire du domaine. Le parc a été aménagé en s'inspirant de quelques principes de la pédagogie Steiner-Waldorf sur laquelle reposait l'institution. On y retrouve des aménagements liés à des phénomènes de la nature ainsi qu'au développement personnel. Aujourd'hui, ce sont d'ailleurs principalement des institutions suivant ce genre d'approches qui louent les anciens bâtiments de l'école, comme un foyer d'insertion pour jeunes en difficulté, un atelier de thérapie, un groupe d'expérimentation musicale ou un cultivateur de légumes bios.

Les locataires se retrouvent parfois pour des activités communes dans le parc. Ici, un jardin de plantes jouxte une suite de sculptures en mosaïque, mettant à profit les différents sens. Un astrolabe sphérique de plusieurs mètres de diamètre peut être utilisé pour suivre les déplacements de certains astres. Enfin, sur la place centrale, où se rassemblaient tous les élèves au début des cours, a été reproduit le labyrinthe de la cathédrale de Chartres dans ses dimensions originelles de 12,5 mètres de diamètre. Ce serpentin se veut une représentation du cours de la vie. « Le chemin vers le centre se fait par détours, il faut parfois revenir vers l'extérieur avant de pouvoir poursuivre », explique Ueli Steiner.

Adresse Kirchrain 27, 3232 Anet (Ins), www.schloessli-ins.ch | Transports en commun Arrêt CFF Anet/Ins ; Train S37 ou car postal 521, arrêt Ins Dorf | À savoir L'école du Schlössli a accueilli des enfants de personnalités célèbres, comme ceux de l'écrivain Friedrich Dürrenmatt ou du chanteur Udo Jürgens.

6 Aux Prés de Chez Vous

Les dahlias neuchâtelois de la fête des Vendanges

Aux Prés de Chez Vous, c'est ainsi que s'appelle le magasin à la ferme du domaine de la famille de Quentin Ducommun. En arrivant sur place, le nom de ce marché prend tout son sens : vous passez devant plusieurs rangées de dahlias, que vous pouvez cueillir en libre-service – il faut ensuite glisser 5 francs par bouquet dans une tirelire. Les autres produits sont vendus dans le magasin qui se trouve à l'intérieur de la cour. La famille cultive depuis quatre générations un domaine bio de 45 hectares. On y trouve plusieurs variétés de pommes de terre, de fruits et de légumes du jardin, ainsi que les œufs des 250 poules pondeuses du domaine. En automne, les noix et les courges sont légion. Les Ducommun cultivent également du blé et du seigle, dont ils vendent la farine avec laquelle est préparé un pain au feu de bois. Enfin, avec les récoltes de colza, tournesol, carthame, caméline, pavot et noix sont produites ici des huiles pressées à froid.

Les dahlias cactus (les variétés aux pétales fins et pointus) ne représentent ainsi qu'une petite partie des cultures, pourtant ils sont symboliques pour la région. En effet, ce sont ces fleurs qui sont piquées sur les chars de la fête des Vendanges de Neuchâtel, qui a lieu annuellement à la fin du mois de septembre. En 2023, 464 000 unités ont garni les 13 chars du corso ; les clouer a occupé de nombreux bénévoles durant deux journées entières.

La saga de l'origine des dahlias de la fête des Vendanges tient en haleine les lecteurs de la presse régionale depuis 15 ans. En 2008, l'horticulteur qui cultivait traditionnellement les fleurs dans la région depuis 60 ans a pris sa retraite. Diverses solutions locales furent discutées, mais aucune n'a abouti. Depuis, les dahlias de la fête sont livrés chaque année par un immense camion venant des Pays-Bas. La Chambre neuchâteloise d'agriculture et de viticulture continue cependant de piquer son char avec des fleurs locales, cultivées ici, à Areuse, par les Ducommun. L'honneur est sauf.

Adresse Route du Lac 11, 2015 Areuse, www.aux-pres-de-chez-vous.ch | Transports en commun Tram Littorail TransN, arrêt Areuse – Littorail. Continuer à pied en direction du lac (25 min) | Horaires d'ouverture Le mardi, le mercredi et le vendredi de 8 h 30 à 12 h et de 14 h à 17 h 30, le samedi de 8 h 30 à 16 h | À savoir À proximité, la communauté des sœurs de Grandchamp accueille les pèlerins pour des séjours et des retraites.

7 La plage

Baignade au milieu de la réserve

Avec ses quelques dizaines de mètres, la plage d'Autavaux est certainement l'une des plus petites des rives du lac. Son enserrement au milieu de la réserve de la Grande Cariçaie la rend pourtant d'autant plus attractive. L'eau limpide laisse apparaître les galets, et on peut admirer les forêts alluviales et les roselières en faisant trempette, parfois en compagnie de quelques cygnes.

Les forêts sont apparues avec l'abaissement du niveau à la suite de la correction des eaux du Jura – le lac de Neuchâtel compte environ un dixième de la surface suisse de ces biotopes en milieu humide. Avant ou après la baignade, il est fortement recommandé de découvrir la végétation dense en empruntant le petit chemin qui longe la rive côté ouest. La forêt alluviale ici est caractérisée avant tout par la présence de pins sylvestres, qui se développent tout aussi bien dans des paysages humides que secs. Les arbres de cette espèce, qui s'élèvent au bord de l'eau, donnent à la rive un flair méditerranéen. Des saules y poussent également, ainsi qu'une végétation foisonnante et variée, d'où ressortent en particulier les roselières des bois, avec leurs plumeaux rougeâtre argenté. La diversité et la richesse de la végétation font de ces biotopes des milieux favorables à la faune. Par exemple, la Grande Cariçaie héberge un tiers de l'effectif national de la rousserolle turdoïde, un bel oiseau au sommet de la tête et au dos bruns et à la gorge blanc beigeâtre.

Dans la forêt alluviale comme sur le chemin qui mène à Estavayer, que l'on peut emprunter aussi bien à pied qu'à vélo, peuvent être observés de nombreux insectes, dont des libellules et une grande variété de papillons : blancs, jaunes et, avec un peu de chance, le petit mars changeant, qui, en fonction de sa position, fait découvrir des teintes bleu-violet exceptionnelles. La richesse de la faune et de la flore fait l'objet d'études constantes des responsables de la réserve dans le cadre d'un suivi de la biodiversité.

Adresse Plage, 1475 Autavaux | **Accès** Prendre l'A1, sortie Estavayer et suivre Grandcour, puis Autavaux. Un parking se trouve près de la tour d'observation (prendre à droite à l'extrémité côté Yverdon du chemin des Prés) | **Transports en commun** Bus TPF 551, arrêt Forel – Village. Continuer à pied (30 min) | **À savoir** Le site internet geo-caricaie.ch informe sur les lieux où la baignade est autorisée à l'intérieur de la réserve.

8 La galerie du château

Une fenêtre sur l'art romand

La liste des artistes qui ont exposé à la galerie du château d'Avenches comporte plus de 200 noms de peintres, illustrateurs, sculpteurs et photographes. Parmi ceux-ci, on trouve Hans Erni, Pietro Sarto, Émile Aebischer (dit Yoki) ou Marcel Imsand. Lors de ma visite, c'est le plasticien vaudois Roger Gerster qui y présentait ses toiles et sculptures. Un écrin parfait, tant sa peinture impressionniste était mise en valeur dans les salles aux belles poutres apparentes.

À l'instar de Roger Gerster, certains artistes ont exposé plusieurs fois dans ces lieux. La galerie se charge des accrochages en contrepartie d'une commission sur les ventes réalisées. Elle est gérée depuis 1977 par une association qui compte 300 membres. Un comité de sept ou huit personnes, une commission artistique et de nombreux bénévoles s'occupent de la gestion du lieu et des manifestations, comme les vernissages, au cours desquels les créateurs sont présentés dans une atmosphère conviviale.

Les locaux sont mis à disposition par la municipalité d'Avenches dans l'un des plus beaux endroits du bourg : la tour du château. Sur le portail, on remarquera le riche encadrement sculpté, la dalle armoriée surmontée par la date de 1565. Le guide de la Société d'histoire de l'art en Suisse relève l'excellence du lieu : « La qualité et la richesse de l'ornementation sculptée de cette façade et de la tour d'escalier, inspirée du répertoire décoratif de la Renaissance, en font une œuvre unique dans la région. » En contemplant les oriels, ces petits balcons clos en forme de tourelles, et la grande tour fuselée, on s'imagine entrer dans un château de conte de fées. Les lieux sont propices à l'évasion et aux voyages picturaux. Comme l'explique Jean-Paul Dal Bianco, président de l'Association de la galerie d'Avenches, son comité reste toujours réceptif aux nouveaux styles et techniques afin de maintenir l'intérêt du public. Dans cet esprit, un à deux nouveaux artistes y sont présentés chaque année.

Adresse Place du Château 2, 1580 Avenches, www.galeriechateauavenches.ch | Transports en commun Aventibus, arrêt Avenches – EMS-Marc-Aurèle | Horaires d'ouverture En période d'exposition, du jeudi au dimanche de 14 h à 18 h | À savoir Le château borde le bourg. La visite des jolies rues des Alpes et du Jura est vivement conseillée.

9 Le haras fédéral

Un centre pour les amoureux du cheval

Si vous aimez les chevaux, un tour au haras d'Avenches est un incontournable, surtout en suivant l'une de leurs visites guidées. Les événements spéciaux comme les « Jeudis au haras » (des spectacles et des animations qui durent les mois de juillet et août) ou encore les concours de sélection d'étalons de la race des Franches-Montagnes, ouverts au public, sont aussi à ne pas manquer. Le haras fédéral, centre de compétences de la Confédération pour les équidés, met particulièrement l'accent sur cette race, la seule à être typiquement suisse. Chaque année, des étalons sont sélectionnés lors d'un premier concours, passent ensuite 40 jours de tests et d'entraînements intensifs sur place, avant de participer à la sélection finale des chevaux reproducteurs.

En dehors des manifestations, il est également possible de découvrir les différents bâtiments du site de manière restreinte en visite libre. On remarquera tout d'abord la ceinture de constructions de style Heimatstil, inspiré des traditions locales. Pratiquement à toute heure, on peut croiser des cavaliers qui s'exercent sur le site. Enfin, entre les bâtiments et sur un parcours traversant l'ensemble du domaine, une trentaine de pancartes informe le public sur le rôle du haras, l'élevage des Franches-Montagnes ainsi que les métiers du cheval. Ces derniers, en particulier les artisanats de la ferronnerie et du travail de cuir, font l'objet d'ateliers lors des visites.

En groupe, on accède au manège, où l'on peut assister à une séance de dressage. Le parcours passe également dans une grande halle où sont entreposées des calèches historiques, ainsi que dans une deuxième où sont mis en valeur des harnais d'apparat. Avec ou sans accompagnement, une promenade autour des enclos est possible : on peut également caresser les animaux avec toute la prudence nécessaire. Juste à côté, deux ânes, réquisitionnés chaque année pour la fête de la Saint-Nicolas à Fribourg, ravissent petits et grands.

Adresse Les Longs-Prés, 1580 Avenches | Accès Prendre l'A1, sortie Avenches et suivre Cudrefin. Le haras se trouve sur la gauche | Transports en commun Car postal 540, arrêt Avenches – Haras-Fédéral | Horaires d'ouverture Tous les jours de 9 h à 19 h. Pour les visites, informations sur www.avenches.ch | À savoir De février à août, on peut admirer plus d'une dizaine de cigognes sur les toits du haras. C'est le seul lieu de nidification de ces échassiers de toute la Suisse romande.

10 La tour de la Tornallaz

Trois siècles d'histoire romaine vous contemplent

Moins connue que les autres sites romains du lieu, la tour de la Tornallaz offre pourtant la meilleure porte d'entrée pour explorer l'Avenches romaine. La ville, qui compte aujourd'hui quelque 3 000 habitants, est définitivement entrée dans l'histoire en 71 après J.-C. en passant du statut de chef-lieu de la cité des Helvètes à celui de colonie romaine, l'échelon le plus élevé au sein de l'empire. Par cette décision, l'empereur Vespasien souligna son attachement au lieu où avait vécu son père.

Surplombant Avenches, la tour de la Tornallaz est l'une des 73 tours qui émaillaient l'enceinte de la ville, longue à l'époque de 5 kilomètres, et la seule à avoir été préservée sur une bonne hauteur. Elle se dresse à côté de la porte de l'Est, ancienne entrée monumentale de la cité. Depuis l'époque romaine, elle a connu de nombreuses modifications : seule la partie inférieure est d'origine.

Depuis le haut de l'édifice s'ouvre une vue panoramique sur les principaux sites de la capitale des Helvètes. Un plan détaillé permet d'identifier en particulier l'amphithéâtre, certainement le monument le plus imposant et qui fera l'objet d'une réfection d'ici 2027. Ensuite, et même si les vestiges sont bien plus modestes, on distingue l'emplacement de l'ancien sanctuaire du Cigognier, dont l'ensemble comprenait un théâtre utilisé comme lieu de cérémonie et qui existe encore. La reconstitution sur ordinateur révèle la majesté de l'ensemble.

Sur les images de synthèse, on remarquera également l'établissement thermal, dont les restes sont protégés par une toiture et observables à une distance de 300 mètres de la tour. Ce lieu d'eau, qui porte le nom de thermes de Perruet, se trouvait à côté du forum romain, où se tenaient les activités économiques et judiciaires de la ville. C'est ici que Titus Flavius Sabinus, le père de Vespasien, a travaillé. Selon l'auteur romain Suétone, il était banquier chez les Helvètes et mourut sur leur territoire.

Adresse Tour de la Tornallaz, 1580 Avenches | Accès Prendre l'A1, sortie Avenches et suivre Donatyre, puis la porte de l'Est | Transports en commun Aventibus, arrêt Avenches – EMS-Marc-Aurèle. Continuer à pied en passant devant le temple de la Grange des Dîmes, puis suivre les chemins forestiers à travers les champs (30 min) | À savoir En 1536, une amende de 5 florins fut instituée pour dissuader le vol des pierres de l'ancienne enceinte.

11 La colline du Châtelard

Château d'outre-tombe

« Les ruines du château de Châtelard s'effacent. Restent une colline, des souvenirs mêlés aux légendes et la vérité. » Sur la toile, un citoyen de Bevaix s'épanche poétiquement sur cette intrigante colline, qui s'élève en contrebas de l'ancienne abbaye. Quelle a été son histoire ? Un château a-t-il vraiment occupé son sommet ?

Dans son roman *Sibylle ou le Châtelard de Bevaix*, écrit en 1882, Alice de Chambrier, poétesse du lieu devenue célèbre, donne une description très réaliste d'un « castel bien fortifié » qui aurait trôné sur ce « mamelon exposé au soleil ». La tour permettait de surveiller aisément tout le pays, note-t-elle. Un large fossé entourait le bâtiment et un pont-levis permettait au seigneur des lieux, Aymon-Guillaume du Terreaux, le châtelain de Bevaix, de réguler son accès. Le livre met en scène ses conflits avec sa fille Sybille : le père rançonnait les voyageurs dans le but de miner le pouvoir du comte de Neuchâtel. Il menaça d'exécuter le jeune et beau prisonnier Gaston de Rocheblanche, dont s'occupait sa fille, car la famille du détenu ne pouvait pas payer la rançon.

Même si la carte du canton de 1845 dessinée par Jean-Frédéric Ostervald – un travail considéré comme pionnier pour l'époque – indique à cet emplacement « ruines du château de Châtelard », les historiens estiment aujourd'hui que cette bâtisse n'a jamais existé. La colline renferme pourtant un autre secret : lors de l'abaissement du monticule de 3 mètres pour y installer un vignoble en 1840, 100 tombes burgondes réparties sur trois étages, datant du VIIe siècle, ont été découvertes. À l'étage inférieur, les sépultures avaient été aménagées en pleine terre, alors que celles découvertes aux étages médian et supérieur étaient murées. Selon le récit d'un habitant de Bevaix de cette époque, les tombes contenaient chacune un squelette et un « coutelas » – un grand couteau – ou un long poignard. Des éléments d'une garniture de ceinture en fer et laiton retrouvés ici sont conservés au Musée national suisse.

Adresse Chemin du Vignoble, 2022 Bevaix | Accès De Neuchâtel, prendre l'A5, sortie Boudry-Ouest. Au milieu du village de Bevaix, prendre la direction du port. À la fin de la route, prendre à gauche | Transports en commun Arrêt CFF Bevaix. Continuer à pied en direction du port et prendre à gauche sur le chemin du Vignoble (15 min) | À savoir Un peu plus loin sur la route se trouve l'ancienne abbaye de Bevaix. Le prieuré est devenu la propriété de l'État, qui y organise des rencontres officielles ou le loue à des particuliers et des entreprises.

12 L'écomusée de la pêche

Des cabanons de pêcheurs ouverts au public

Ce site est utilisé par les pêcheurs depuis plus de 5 millénaires, comme le montrent des vestiges lacustres, et raconte également l'histoire de la correction du niveau des eaux du lac. En effet, en 80 ans, la rive s'est agrandie de plusieurs dizaines de mètres, éloignant progressivement les cabanons du bord.

Utilisées durant plusieurs générations comme lieu de travail par la grande famille de pêcheurs Henry, les maisonnettes hébergent maintenant un écomusée dédié à la pratique halieutique. Bernard Vauthier, ancien enseignant devenu le conservateur du site, désirait rédiger un livre de référence sur la pêche locale, qui a pris la forme d'un ouvrage de 500 pages intitulé *1 000 ans de pêche en Suisse romande*. En parallèle, il a mis sur pied son idée d'écomusée en 2017, avec l'aide d'une équipe. Bon nombre d'équipements de pêcheur présentés dans le livre sont aujourd'hui exposés sur le site. On trouve, par exemple, une loquette, un petit bateau à fond plat utilisé par Alphonse Henry, dernier pêcheur à travailler sur place. Ce genre d'embarcation était le plus courant sur le lac au milieu du XXe siècle. L'avantage par rapport à une coque en « V » était de pouvoir naviguer en eaux très peu profondes.

Ensuite, sous un abri, sont exposés de nombreux leurres du siècle dernier : certains arborent les traits des proies des poissons, quand d'autres sont des variantes entières ou articulées en plusieurs parties, toujours de couleur voyante, ou les cuillères, simples plaquettes suspendues à côté de l'hameçon qui scintillent. À l'extérieur, une vingtaine de panneaux, qui sont aussi accessibles en dehors des heures d'ouverture du musée, offrent des explications sur ces techniques, sur les filets, les poissons du lac ou l'histoire des pêcheurs de la région. Un véritable condensé de l'ouvrage de Bernard Vauthier, qui peut être acheté sur place. Le conservateur a également enregistré une cinquantaine de descriptions d'objets qui sont en accès libre sur le site internet du musée.

Adresse Chemin Alfred-Borel, 2022 Bevaix, www.ecomuseepeche.ch | Accès De Neuchâtel, prendre l'A5, sortie Boudry-Ouest. Au village de Bevaix, prendre la direction du port. Le musée se trouve à l'angle en arrivant près du lac | Transports en commun Arrêt CFF Bevaix. Continuer à pied en direction du port, puis poursuivre sur 200 mètres en direction d'Yverdon (20 min) | À savoir La Trinquette, un restaurant près du port, propose des mets régionaux savoureux et joliment présentés.

13 Le menhir de Vauroux

Non, ce ne sont pas les Celtes qui l'ont dressé

Avec sa forme régulière légèrement ogivale et ses 3,8 mètres de haut, dont 3 mètres hors sol, ce menhir presque parfait fait naturellement penser au plus célèbre tailleur de menhirs de la bande dessinée : Obélix. Pourtant, ce ne sont généralement pas les Celtes qui les ont érigés, explique dans son livre *Les sociétés mégalithiques* le professeur Alain Gallay, qui a contribué au développement de la recherche archéologique en Suisse romande. Il regrette qu'« Obélix symbolise encore aujourd'hui cette confusion ». Les menhirs sont bien plus anciens, ils ont vu le jour environ 2 000 ans avant que les Celtes occupent les rives du lac de Neuchâtel. Le mégalithe de Vauroux aurait ainsi été dressé vers 4 500 avant J.-C. selon les estimations de l'archéologue Michel Egloff, fondateur du nouveau musée cantonal d'archéologie, le Laténium.

À cette époque, les populations commençaient à se sédentariser, passant progressivement de chasseurs-cueilleurs à agriculteurs sédentaires. La nature les a bien aidées pour la construction de ces menhirs, puisque les blocs erratiques avaient été préalablement charriés par le glacier du Rhône lors de la dernière glaciation. Les pierres, peu taillées, furent ensuite déplacées. De ces opérations de transport, les chercheurs ont déduit l'organisation de ces sociétés. En effet, vu le faible niveau technique d'alors et faute de potion magique, une autorité politique capable de mobiliser une force de travail considérable était indispensable.

Se pose enfin la question du pourquoi de tels efforts. Dans un article, Michel Egloff lista sous la forme d'interrogations les pistes possibles : « Prestige d'un chef "désignant des volontaires" pour sa plus grande gloire ? Ornement paysager (un menhir, c'est beau) ? Bornes-frontières ? Symbolisation extrême de la figure humaine ? Figurations phalliques ? Lieux de cultes ? Calendriers géants ? » Aujourd'hui, le mystère reste entier, et participe certainement à l'engouement pour ces endroits.

Adresse Domaine du Vauroux, 2022 Bevaix | Accès Depuis la route cantonale 5 au centre de Bevaix, prendre la direction de Fruitière, puis suivre « Vauroux » | Transports en commun Arrêt CFF Bevaix. Continuer à pied sur la rue du Jordil côté montagne, puis sur la ruelle Galilée et prendre le chemin du Vauroux. Le menhir se trouve sur la gauche (30 min) | À savoir En 1980, le menhir fut déterré pour être placé devant l'entrée du musée des Beaux-Arts de La Chaux-de-Fonds le temps d'une exposition.

14 Le chien truffier

Sans lui, pas de précieux tubercules

À Bonvillars, au marché annuel de la truffe le dernier samedi d'octobre, la vraie star, c'est lui : le chien truffier. Même si toutes les espèces peuvent être dressées à ramasser (ou à « caver » selon le terme technique) des truffes, c'est souvent le chien d'eau romagnol qui est privilégié. Ce sympathique animal au poil ondulant est originaire de la région italienne d'Émilie-Romagne, où il accompagne également les chasseurs.

Sur le marché, comme à d'autres occasions, des démonstrations de cavage sont organisées, permettant d'observer cet animal bien éveillé qui renifle la zone qui lui est présentée. Pour dénicher des truffes, d'autres techniques peuvent être utilisées, comme le repérage de certaines espèces de mouches qui se développent à proximité des tubercules, ou bien les cochons truffiers. Mais la présence de nombreux propriétaires de chiens au marché de la truffe démontre qu'il est bien l'allié préféré dans la région, et certainement le plus sympathique. Leurs propriétaires se rassemblent en groupes, certains pour se renseigner sur les possibilités de dressage quand d'autres, déjà plus expérimentés, échangent informations et conseils.

Le marché de Bonvillars a certainement joué un rôle important dans le développement de la production de truffes au pied du Jura. Partie pratiquement d'une blague, cette manifestation a généré une petite industrie, favorisée également par le réchauffement climatique. Aujourd'hui, ce sont plus de 40 hectares qui sont dédiés à la culture du prestigieux champignon en Suisse romande. Et, pour encourager les agriculteurs à diversifier leur production, le canton de Vaud est même allé jusqu'à soutenir financièrement celles et ceux qui désiraient y consacrer des terres. Enfin, sur une parcelle de 6 000 mètres carrés derrière le château de la Cour de Bonvillars où se déroule le marché annuel, une truffière pédagogique a été aménagée, qui, à terme, permettra lors de visites guidées d'informer sur les mystères de la truffe.

Adresse Château de la Cour, route de la Cour, 1427 Bonvillars | **Accès** Prendre l'A5, sortie Grandson et suivre Champagne, puis Bonvillars | **Transports en commun** Car postal 630/635, arrêt Bonvillars – La-Cour | **À savoir** En plus du marché le dernier samedi d'octobre, plusieurs autres activités autour de la truffe sont organisées dans la région durant l'automne. Consultez le site de l'association Première Région truffière de Suisse (www.aprts.ch), ainsi que les agendas des offices du tourisme.

15 Le domaine de La Coudre

Prendre un sirop maison dans un havre de nature

Adossé au mont Aubert sur des terrains déboisés durant le XVIe siècle, le domaine de La Coudre comprend ferme, jardins, verger, champs et vigne. La parcelle d'environ 10 hectares a été léguée à la section vaudoise de la protection du patrimoine, il y a 30 ans, par le pharmacien genevois Friedrich Steffen, qui n'a posé qu'une seule condition : que le domaine soit dédié au patrimoine rural et aux plantes médicinales.

Aujourd'hui, les jardins, le verger, le poulailler – avec ses fières fermières suisses – ainsi que le rucher surplombant le domaine sont accessibles au public. Il est vivement conseillé de se rendre au jardin des plantes situé à l'ouest de la ferme. Sur quatre carrés séparés par des haies de buis, on trouve tour à tour des plantes médicinales, aromatiques, florales et tinctoriales (utilisées pour colorer les textiles). Dans le carré médicinal est indiqué le « coin des toxiques », où le ricin, l'hellébore, l'aconit napel ou la belladone sont étiquetés de trois têtes de mort.

Gare à ceux qui auront goûté aux plantes interdites… ils ne pourront certainement pas participer aux ateliers (art, cuisine, plantes, relaxation…) ou expositions (peintures, gravures, sculptures, photographie, céramique…) proposés sur le site tout au long de l'année ! Ceux qui désirent prolonger le séjour peuvent réserver un élégant appartement avec terrasse sur le magnifique jardin. Enfin, un arrêt au magasin-café en libre-service s'impose : on y trouve des confitures préparées avec les fruits du verger, des infusions, du jus de pomme maison, du miel du rucher, des livres sur des sujets liés au patrimoine et à la nature ainsi que plusieurs spécialités gourmandes de la région. Vous pourrez vous installer devant la ferme pour prendre une tisane, un café ou un excellent sirop maison. Si votre choix s'est porté sur cette dernière boisson, laissez-vous tenter par les saveurs fleur de sureau ou menthe/mélisse. Vous ne le regretterez pas !

Adresse Chemin de la Coudre 1, 1427 Bonvillars, www.fondationlacoudre.ch | Accès Prendre l'A5, sortie Grandson et suivre Concise, Bonvillars, Villars-Burquin, puis « La Coudre » | Transports en commun Car postal 630, arrêt Bonvillars – Bas-du-village ; Car postal 635, arrêt Bonvillars – Village. Continuer à pied à travers vignes et champs (40 min) | Horaires d'ouverture Magasin et boissons en libre-service tous les jours de 9 h à 18 h | À savoir À la hauteur du dernier coude de la route avant la ferme, un petit sentier qui traverse la forêt mène à un point de vue panoramique.

16 La maison seigneuriale de la Cour

La chambre de Charles le Téméraire

En bordure de vignes, à quelques centaines de mètres du village de Bonvillars en direction de Champagne, se dresse l'élégante maison seigneuriale de la Cour. Le visiteur passe tout d'abord sous une belle entrée formée d'un arc et flanquée de deux meurtrières ainsi que d'une petite tour. L'ensemble porte le nom de « la Cour », car il a été construit autour d'un préau de 765 mètres carrés. Au sud-ouest se dresse la demeure principale au toit pentu « qui ne remonte pas au-delà de la fin du XVe et même du commencement du XVIe », selon les indications de l'historien et archéologue Victor-Henri Bourgeois dans son livre de 1906 *Au pied du Jura*.

La maison seigneuriale abrite une chambre mystérieuse. Depuis l'appartement privé du deuxième étage, un escalier mène aux combles, où un grand volume se dégage sous les larges pans du toit. Au sud se dresse une pièce d'une dizaine de mètres environ. En entrant dans cet espace utilisé aujourd'hui comme réduit, on découvre au plafond d'élégantes guirlandes végétales séparées par quatre poutres apparentes. Le tout date de la fin du XVIIe ou du début du XVIIIe selon Bourgeois. Cette pièce est appelée « chambre du Duc », car, selon la légende, c'est ici que Charles le Téméraire, duc de Bourgogne, aurait passé la nuit avant la bataille de Grandson, le 2 mars 1476, durant laquelle les troupes confédérées lui infligèrent une sévère défaite. Le champ de bataille se trouve à environ 5 kilomètres à vol d'oiseau, au-dessus du village de Concise.

La datation du bâtiment et des peintures fait vaciller la légende. De plus, Charles le Téméraire était connu pour se déplacer dans une résidence mobile luxuriante pour, dit-on, impressionner ses adversaires roturiers. En tout cas, cette nuit a été funeste pour le souverain : elle sonna le début de sa fin. Charles a perdu son butin à Grandson (1476), son honneur à Morat (1476) et sa vie à Nancy (1477).

Adresse Château de la Cour, route de la Cour, 1427 Bonvillars | Accès Prendre l'A5, sortie Grandson et suivre Champagne, puis Bonvillars | Transports en commun Car postal 630/635, arrêt Bonvillars – La-Cour | À savoir Depuis le monument commémoratif situé au-dessus du village de Concise, on jouit d'une vue plongeante sur le champ de bataille et les rives du lac.

17 La Ferme de Trois Rods

Le retour des huiles oubliées

Le hameau de Trois Rods, situé un peu en dehors de Boudry, est constitué de quelques belles fermes et de maisons vigneronnes. Depuis 2015, un couple de jeunes agriculteurs, Jean-Noé et Anne Morier-Genoud, soutenu par quelques collaborateurs, apporte un peu de modernité au domaine. Ici sont mélangées traditions et nouvelles idées : en faisant le tour de la propriété, on découvre une belle allée d'arbres séculaires à côté desquels les fermiers ont planté de nouvelles essences. De nombreux stagiaires ou jeunes effectuant leur service civil s'affairent sur le domaine, parlant parfois français, parfois suisse-allemand.

Près de la route, des acheteurs viennent se parquer pour aller s'approvisionner au magasin en libre-service. Cette échoppe est le principal canal de distribution des produits de la ferme : des légumes et de la viande de bœufs ou de porcs élevés sur place y sont proposés. La production de céréales se vend également principalement ici ; un cinquième est écoulé par d'autres magasins bios de la région.

Il y a quelques années, une autre utilisation des graminées a débuté, qui prend de plus en plus d'importance sur le domaine : le pressage d'huiles artisanales. Deux maîtres mots caractérisent cette production : pressage à froid et fraîcheur. L'huile de lin, par exemple, est produite en petite quantité (7 litres) toutes les 2 à 3 semaines, gage de qualité supérieure pour le consommateur. Aux côtés d'oléagineux plus traditionnels comme le colza ou le tournesol, on presse la caméline, le pavot et… le chanvre. Dans les champs de cette plante facilement reconnaissable, Jean-Noé et son collaborateur Philipp racontent avec un sourire la visite courtoise d'un policier, qui a été rassuré de voir que l'huile de chanvre ne fait pas tourner la tête ! Les agriculteurs des Trois Rods vous conseillent vivement de goûter son arôme rappelant l'herbe fraîchement coupée et les noisettes. Le *must* ? La déguster sur une boule de glace vanille !

Adresse Route des Trois-Rods 42, 2017 Boudry, www.fermedetroisrods.ch | Accès Prendre l'A5, sortie Areuse et suivre Boudry. Après le centre commercial Les Isles, prendre à droite | Transports en commun Arrêt CFF Boudry. Continuer à pied (10 min) | Horaires d'ouverture Tous les jours de 8 h à 20 h (en libre-service) | À savoir La ferme se trouve à proximité des gorges de l'Areuse, l'une des randonnées phares de la région.

18 La maison natale de Marat

Florilège de confusions

Des articles de presse du début du XXe siècle révèlent l'anecdote suivante : au premier étage de la maison où Jean-Paul Marat serait né se trouvait une grande salle de billard dépendant d'un hôtel. Sur un mur était suspendu, à côté du portrait du révolutionnaire français, celui de… Charlotte Corday, celle qui le poignarda ! Une maladresse quelque peu ironique. Dans un autre contexte, la confusion semble également avoir gagné des touristes français : ils avaient demandé à l'administrateur communal de l'époque s'ils pouvaient voir la fameuse baignoire…

Sur de nombreux points, Marat ne mettra jamais les gens d'accord : pour le professeur d'université Jean Vidalenc, « sa jeunesse fut tourmentée ». Pour la chercheuse Charlotte Goëtz-Nothomb, il aurait vécu de « belles années d'enfance » et « une jeunesse heureuse ». De manière générale, les jugements sur sa personne divergent diamétralement entre ses détracteurs, qui mettent en avant ses incitations au meurtre avérées, et ses défenseurs, qui font prévaloir son engagement en faveur des classes populaires.

Si Boudry est devenu la patrie du révolutionnaire, c'est en raison de démêlés de son père, Juan-Salvator Mara, avec le pouvoir de Sardaigne, sa patrie d'origine. Enseignant dans une école tenue par des religieux, il avait été amendé d'une lourde somme d'arriérés d'impôts. Pour y échapper, il déménagea à Genève avant d'arriver à Boudry, attiré par l'industrie florissante des indiennes. Grâce à ses connaissances en chimie, il y trouva un emploi. Une nouvelle affaire éclata lorsque Jean-Paul avait 4 ans. Juan-Salvator Mara déposa plainte après un vol de dessins de toiles peintes. Au cours de l'enquête, il donna des indications sur son domicile. « Ces données ne semblent pas coïncider avec la maison où la tradition place la naissance de Marat », expliquait en 1993 Charlotte Goëtz-Nothomb, citant l'historien Louis Favre. La maison avec la plaque pourrait donc bien se révéler être une confusion supplémentaire !

Adresse Avenue du Collège 2, 2017 Boudry | **Accès** Prendre l'A5, sortie Areuse | **Transports en commun** Tram Littorail TransN, arrêt Boudry-Littorail–Gare | **À savoir** Une sculpture-obélisque, *Marat l'œil*, de Francis Roulin se trouve à une centaine de mètres devant le musée de l'Areuse.

19 La pierre à Pestalozzi

La retraite du célèbre pédagogue

Bullet est un petit village de 600 habitants au pied du Chasseron, depuis lequel s'ouvre une belle vue sur le lac de Neuchâtel et les Alpes. Une élégante tour panoramique en bois a été inaugurée en 2018 sur un lieu cher à Johann Heinrich Pestalozzi, un célèbre pédagogue qui a fondé à Yverdon différents instituts pour enfants à partir de 1805. Il est connu pour avoir mis en œuvre les principes éducatifs de Jean-Jacques Rousseau, qu'il n'a pourtant jamais rencontré, l'auteur du *Contrat social* étant de 34 ans son aîné.

Lorsqu'il vint à Bullet en 1817, Johann Heinrich Pestalozzi faisait face à d'importantes dissensions internes au sein de son institution. La région était alors inondée et la disette régnait dans le pays. Le prix des denrées alimentaires tripla, le forçant à chercher de nouvelles sources de revenus. Pestalozzi était devenu un auteur à succès, notamment grâce à son ouvrage *Comment Gertrude instruit ses enfants*, et l'un de ses proches collaborateurs proposa de lancer une souscription pour la publication de ses œuvres complètes. Un autre responsable y était opposé et claqua la porte. Ces événements affectèrent lourdement Pestalozzi, qui décida de partir se ressourcer à la campagne.

C'est à Bullet, petit village ne présentant alors qu'un confort rudimentaire, qu'il loua une modeste chambre chez une vieille femme, qui veilla à couvrir ses besoins les plus élémentaires. Lors de son séjour, il rendait régulièrement visite à une pierre erratique, située à la sortie du village en direction de Mauborget, à côté de laquelle a été érigée la tour panoramique. « Cette pierre lui a-t-elle transmis des ondes positives ? », s'interroge Jean-Louis Vial dans le bulletin de l'Association des amis du centre Pestalozzi d'Yverdon, qu'il préside. En tout cas, le séjour requinqua le pédagogue, qui retourna ensuite à Yverdon. Dans un poème, il confia que ces jours furent un « arc-en-ciel dans les jours d'orage ». Il dut ensuite encore faire face à des démêlés judiciaires pendant plusieurs années.

Adresse Route de Mauborget, 1453 Bullet | Accès Depuis Yverdon, prendre la route en direction de Sainte-Croix, puis à droite sur Bullet | Transports en commun Bus Travys 615, arrêt Bullet–Bif-Les-Cluds. Continuer à pied (5 min) | À savoir Au château d'Yverdon, le musée régional présente une reconstitution du cabinet de travail de Pestalozzi.

20 Espace abeilles

Immersion dans le monde des butineuses

Quel bonheur de se trouver dans un corridor vitré pour observer de près un apiculteur faire visiter l'intérieur d'une ruche ! C'est cette expérience unique que propose Espace abeilles au parc Evologia, à Cernier, dans le cadre de ses animations. Inauguré en 2012, l'espace didactique accueille sur deux étages les personnes intéressées par l'apiculture. Ce jour-là, c'est Gilbert Dey, l'un des deux animateurs, qui dévoilait l'intérieur d'une ruche.

Tout commence par un enfumage, qui rend paradoxalement les abeilles plus calmes. Exceptionnellement, pour prendre quelques photos, il m'a été possible de sortir avec l'apiculteur en habit de protection et voile devant le visage. Gilbert Dey donne quelques instructions : éviter de se placer sur les corridors de passage des butineuses et se déplacer quand des abeilles commencent à tourner agressivement autour du filet protégeant le visage. La démonstration peut alors commencer : l'apiculteur sort plusieurs cadres de la ruche et, grâce à un micro sans fil, décrit ce que l'on peut y observer. À l'étage supérieur, trois colonies sont logées dans des ruches vitrées : avec un peu d'attention et l'aide du spécialiste, on retrouve la reine, qui est marquée d'une couleur correspondant à son année de naissance. La partie théorique est suivie d'un jeu, invitant les participants à figurer le soleil et un cerisier en fleur. Ils peuvent alors visualiser comment les abeilles, en dansant, orientent ingénieusement leurs consœurs vers l'emplacement d'une source de nectar et de pollen.

Enfin, la participation à un atelier de 3 heures permet de goûter à de bonnes tartines au miel, qui vient de nos butineuses bien sûr ! À noter que les deux étages – avec différents types de ruches, de nombreux tableaux explicatifs et la présentation de petits films – sont en libre accès. La traversée des beaux jardins et de l'espace culturel d'Evologia avant d'arriver au petit pavillon donne une belle entrée en matière.

Adresse Parc Evologia, route de l'Aurore 6, 2053 Cernier, www.espaceabeilles.ch | **Accès** Depuis Neuchâtel, prendre la direction de La Chaux-de-Fonds, sortie Boudevilliers et suivre Fontaines, puis Cernier | **Transports en commun** Bus TransN 422, arrêt Cernier – Crêt-Debély | **Horaires d'ouverture** Exposition : de mai à octobre, tous les jours de 10 h à 17 h. Boutique : le mercredi après-midi ainsi que le samedi et le dimanche | **À savoir** Le centre ne se limite pas à l'avette mellifère, il sensibilise également au déclin des abeilles sauvages.

21 Le Cariçaie-Express

En train à travers la réserve

Depuis le point de vue de Châbles s'ouvre un beau panorama sur la réserve de la Grande Cariçaie. De ce perchoir au sommet d'une falaise escarpée, on aperçoit également les allées et venues d'un train, cadencés à la demi-heure. Souvent nommé le « Cariçaie-Express », ce RER relie Yverdon à Estavayer et continue ensuite dans l'arrière-pays en direction de Payerne, puis de Fribourg.

Le premier tronçon de cette ligne, inaugurée en 1876, donne un bel aperçu de la réserve. Les voyageurs qui l'empruntent pour la première fois sont souvent accrochés aux fenêtres pour observer les paysages qui défilent. Des surfaces marécageuses avaient été asséchées pour construire en son temps la ligne de chemin de fer. Après avoir quitté Yverdon, une vue sur les roselières et le lac s'offre au premier arrêt à Champ-Pittet, près du centre Pro Natura. Par la suite, les voyageurs continuent de découvrir les forêts de la Grande Cariçaie. Les nombreux pins sylvestres apportent une touche méditerranéenne. À Yvonand, un alignement millimétré de peupliers surprend : il s'agit en fait d'une plantation. Les arbres devraient être coupés à terme.

Depuis le train, diverses variétés ligneuses peuvent être observées, comme les frênes, les érables, les hêtres… ainsi que maintes essences arbustives : les sureaux, noisetiers ou aubépines. Les aulnaies noires, qui couvrent une surface de plus de 20 hectares dans la réserve, sont conservées et revitalisées dans le cadre d'une ordonnance fédérale. Celles-ci ont en effet souffert de l'activité humaine, comme la canalisation des cours d'eau ou la plantation de forêts de rendement. À Cheyres, le train sort de la forêt, et à Châbles, lieu de la photo, la vue s'ouvre à nouveau sur le paysage du lac. La ligne sépare plus ou moins les forêts alluviales de celles des pentes, sans que cette limite soit toutefois clairement perceptible. Le trajet en train donne envie d'en découvrir plus, des deux côtés des rails.

Adresse Ligne CFF d'Yverdon-les-Bains à Estavayer-le-Lac | **Transports en commun** RER Fribourg S30, d'Yverdon-les-Bains à Estavayer-le-Lac ou en sens inverse (toutes les demi-heures) | **À savoir** Le tronçon ferroviaire Yverdon-Payerne a été baptisé à l'origine « ligne de la Broye transversale », pour la différencier de la ligne longitudinale reliant Lausanne, Payerne et Lyss.

22 Le point de vue

La nature à étages

Depuis le point d'observation de Chabrey, qui surplombe la réserve des Grèves de la Motte, la vue plongeante sur les strates naturelles qui s'égrènent est saisissante. Les jaunes et oranges se déclinent en plusieurs intensités, au début parsemés d'arbres au bord de l'eau, jusqu'à ce que les ligneux reprennent définitivement le dessus à l'élévation du terrain. La vue donne également un grand sentiment de satisfaction : la Grande Cariçaie, le nom que l'on donne aux marais qui couvrent la rive sud du lac, aurait dû être traversée par une autoroute. Mais une grande mobilisation populaire en 1980, au cours de laquelle 560 000 signatures ont été collectées, a eu raison de ce projet.

Aujourd'hui, c'est la nature qui donne le rythme grâce à une régulation orchestrée par l'association qui gère les grèves. Soustraits à une forte dynamique naturelle de fluctuations des eaux du lac par les travaux de la deuxième correction des eaux du Jura entre 1962 et 1973, ces marais ne sont pas des milieux stables à long terme et doivent être entretenus pour conserver leurs qualités. Il s'agit principalement d'éviter que les arbres envahissent les zones humides et que les plans d'eau ouverts ne disparaissent, envahis par la végétation des rives. Le fauchage, l'arrachage de buissons et le débroussaillage constituent le gros du travail d'entretien.

Tout cela permet de maintenir les différentes strates, si bénéfiques à la biodiversité. Les roselières lacustres bordent les rives et constituent le trait d'union entre l'eau et la terre. Ensuite apparaissent quelques arbres dans la frange dénommée forêt alluviale, inondée une partie de l'année. Viennent plus loin les roselières terrestres, qui constituent le biotope favori d'espèces d'oiseaux rares, tel le blongios nain. Plus proches du point de vue, les prairies à grandes laîches sont caractérisées par une inondation temporaire. C'est ici que l'on trouve les carex, plantes herbacées des bords de l'eau, dont a été dérivé le nom de Cariçaie.

Adresse Les Roches-Fendues, 1589 Chabrey | Accès Prendre l'A1, sortie Avenches et suivre Cudrefin/Chabrey. À la sortie du village, s'arrêter au panneau « Point de vue Grande Cariçaie » | À savoir La beine lacustre, la zone peu profonde du lac, près des rives, est d'une importance capitale pour la biodiversité : tous les poissons y séjournent à un stade ou un autre de leur vie.

23 La Maison Jéquier

L'ancienne résidence de deux éminents scientifiques

En traversant Champagne, un village vaudois d'environ 1 100 habitants, une imposante demeure flanquée d'un oriel, un petit balcon clos en forme de tourelle, ne passe pas inaperçue. La maison, dont le début de la construction remonte à 1636, a appartenu à un bailli bernois, puis aux familles de deux éminents scientifiques.

En 1792, la maison fut achetée par la famille d'Augustin-Pyrame de Candolle, alors adolescent, qui devint par la suite un botaniste de renommée internationale. Comme il l'expliqua plus tard dans ses mémoires, c'est durant l'été de ses 18 ans, passé à Champagne, que lui est venue l'idée d'écrire un *Traité élémentaire de botanique*, un ouvrage qui le rendit mondialement célèbre. Sur l'ancien domaine familial, il laissa également une trace végétale en plantant un cèdre du Liban. Aujourd'hui, l'arbre de plus de 30 mètres se dresse encore vaillamment à une quarantaine de mètres à l'est de la propriété.

De Candolle fut ensuite happé par sa vie de scientifique en France et à Genève, et la propriété entra en possession de la famille Jéquier, dont le nom reste aujourd'hui encore attaché au domaine. Gustave Jéquier, le plus célèbre représentant de cette famille, résida à Champagne au début du XXe siècle. Éminent égyptologue, il découvrit durant une campagne de fouilles en 1901 le fameux Code de Hammourabi, l'un des plus anciens textes de loi jamais découverts ; il est conservé aujourd'hui au musée du Louvre. Dans la maison de Champagne, il installa une porte orientale traditionnelle avec fenêtre en treillis (appelée une *mashrabiya*), qui s'y trouve encore.

À la suite de mauvais investissements en Allemagne, les Jéquier furent cependant contraints de vendre le domaine ; trois propriétaires leur ont succédé jusqu'à maintenant. Le bâtiment, qui compte cinq appartements privés, a été remarquablement rénové par l'architecte Urs Bona d'Yverdon, qui y a apporté quelques touches contemporaines, comme des fenêtres saillantes transparentes sur le toit.

Adresse Chemin de la Forge 1-3, 1424 Champagne | **Accès** Prendre l'A5, sortie Grandson et suivre Champagne. À l'entrée du village, rester sur la route principale, le bâtiment se trouve sur la droite | **Transports en commun** Car postal 630/635, arrêt Champagne – Collège. Continuer à pied (5 min) | **À savoir** Il y a une quinzaine d'années, une branche de l'imposant cèdre du Liban s'est rompue sous le poids de la neige mouillée du printemps. Une discrète cicatrice est encore visible sur le tronc.

24 Escape Infinity

Avouez, vous avez toujours voulu braquer une banque

Leila Schwab est la directrice d'Escape Infinity, développeur et diffuseur d'*escape games*. Sous ce nom se cachent des activités où des groupes de personnes doivent résoudre une ou plusieurs énigmes, avec en général comme but ultime de pouvoir s'échapper de la salle. La finalité peut cependant être un peu différente, mais reste tout aussi palpitante, comme le montrent les scénarios développés par l'entreprise établie dans le village de Champion (Gampelen en allemand).

Penchons-nous sur l'un d'entre eux : « La Banque ». Celui-ci illustre à merveille les multiples compétences du groupe dont fait partie Escape Infinity. À la base, Leila Schwab dirige Schwab System, une société familiale fondée par son arrière-grand-père, spécialisée dans les constructions en bois. Il y a quelques années, une grande banque suisse a mandaté Schwab System pour bâtir une banque mobile. Celle-ci a été utilisée dans le Jura le temps que la caisse des dépôts puisse rénover ses locaux. Résultat : une superbe et imprenable construction rectangulaire en bois, « aux normes de sécurité des banques suisses ! », tient à souligner Leila. Une fois les travaux de rénovation terminés, le guichet nomade est revenu sur le site de production à Champion.

L'objet est devenu une véritable source d'inspiration pour la filiale Escape Infinity, créée à la suite d'une séance de *team building* des membres de la direction de Schwab System. Les concepteurs du jeu ont écrit un scénario de braquage en partant d'un décor ultraréaliste de filiale bancaire – le bancomat est resté et a été reprogrammé pour être intégré à l'intrigue ! Plus vraie que nature, la banque mobile voit aujourd'hui défiler nombre de groupes en quête d'aventures. Arriverez-vous à déjouer tous les pièges tendus pour finalement remporter le magot ? Attention, le jeu peut rendre un tout petit peu accro. Ainsi, plusieurs groupes n'ayant pas réussi à décrocher la timbale sont revenus. Cela se comprend : réussir un casse dans un vrai décor de banque, ce n'est pas banal.

Adresse Platanenstrasse 7, 3236 Champion (Gampelen), www.escape-infinity.ch | Accès Depuis Neuchâtel, suivre la route en direction de Berne, puis prendre la sortie Champion/Gampelen | Transports en commun Arrêt CFF Champion/Gampelen. Continuer à pied sur le chemin longeant la voie ferrée (10 min) | Horaires d'ouverture Du lundi au vendredi de 8 h 15 à 20 h 15 (à réserver sur le site) | À savoir Escape Infinity propose deux autres jeux d'évasion sur son site de Champion. Les intrigues sont liées aux compétences de l'entreprise dans le domaine de la construction : le bois et les salles de cinéma.

25 Le Fanel

Une parcelle résiste encore à l'envahisseur bernois

À l'extrémité est du lac, après avoir longé sur environ 4 kilomètres la rive bernoise depuis la Thielle, émerge une petite enclave neuchâteloise de 8 000 mètres carrés. Elle a été baptisée « le Pâturage-aux-Poulains » et appartient administrativement à la commune de La Tène, située sur la rive opposée. Comment cela a-t-il été possible ?

Dans un recueil sur l'histoire du canton de Neuchâtel, Rémy Scheurer, ancien professeur d'histoire et recteur de l'université, explique que le comte de Neuchâtel, Rodolphe IV (également appelé Rolin), a consigné dans un acte de 1311 que Villars-le-Grand, un village vaudois situé à quelques kilomètres de la rive sud, était le point le plus méridional de ses terres. En ces temps-là, les comtes avaient donc bien pied de l'autre côté du lac, là où se situe l'enclave. Les Neuchâtelois, explique l'historien, ont été ensuite progressivement évincés par les ducs de Savoie, les Fribourgeois et les Bernois, si bien qu'à la fin du XVe siècle, ils ne possédaient plus rien sur la rive sud.

Neuchâtel put cependant y reprendre ses droits, vraisemblablement après la première correction des eaux du Jura de la deuxième moitié du XIXe siècle. Jusque-là, les plans ne donnaient aucun territoire neuchâtelois sur la rive sud, mais désormais, depuis le milieu du lac, avant de rejoindre la rive, la frontière forme un triangle vers le sud, ce qui fait du Pâturage-aux-Poulains un territoire neuchâtelois. Pour les historiens, les raisons ne sont pas claires. En tout cas, à cette époque, une simplification des responsabilités a été décidée, explique l'ancien recteur de l'université Eddy Bauer dans un article. Durant ce processus, le canton de Berne fut déchargé du droit de police sur le lac alors qu'il possède une rive de quelques kilomètres. Entre-temps, il a repris la main sur les eaux cantonales du Fanel, mais l'enclave neuchâteloise est restée : une tour ornithologique y a été installée ainsi qu'une île aux oiseaux, où se reposent les volatiles en migration.

Adresse Réserve du Fanel, 3236 Champion (Gampelen) | **Accès** Prendre l'A1, sortie Avenches et suivre Cudrefin, puis Anet/Ins. Se garer à La Sauge et longer à pied la Broye côté est (20 min) | **Transports en commun** Bus postal 535, arrêt Cudrefin – La-Sauge | **À savoir** La tour ornithologique neuchâteloise est réservée aux membres de l'association Nos Oiseaux, mais la tour bernoise, à proximité, est en libre accès.

26 Le temple

Une ellipse qui rassemble pasteur et fidèles

Sa forme ellipsoïdale, son clocheton fléché, les petites touches de pierre jaune d'Hauterive sur les fenêtres et le portail d'entrée propulsent ce temple au rang de perle architecturale. Outre son apparence charmeuse, ce bâtiment a représenté une révolution en 1667, l'année de sa construction : il fut le premier temple réformé construit en Suisse selon le principe du plan centré. En effet, jusque-là, beaucoup d'anciens lieux de culte catholiques avaient simplement été adaptés aux nouvelles exigences de la religion réformée.

Le plan centré s'oppose au plan classique des églises catholiques, qui sépare le chœur, réservé au clergé, de la nef, où prennent place les fidèles. Dans l'architecture protestante, le chœur est pour ainsi dire étendu à l'ensemble de l'église, abolissant la frontière entre pasteur et croyants. Une telle architecture permet aux paroissiens de mieux entendre leur pasteur, et donc de mieux participer. La traduction de la Bible en langue courante a concouru au même but.

L'autorité bernoise confia la construction de cette église d'un genre nouveau à l'architecte Abraham Dünz l'Aîné, qui s'est certainement inspiré de l'architecture des temples protestants de Lyon (dit « de Paradis », victime des guerres de religion après 3 ans d'existence) et de Rouen. À Chêne-Pâquier, le nouveau temple devait remplacer un autre lieu de culte situé à 700 mètres sur le site de l'ancien ensemble seigneurial et dont il reste aujourd'hui que la tour Saint-Martin, d'où il est possible de découvrir une magnifique vue. Pour la forme ellipsoïdale, l'architecte aurait appliqué la « technique du jardinier », explique le pasteur et théologien Bernard Reymond : on plante deux piquets auxquels sont attachées les extrémités d'une ficelle. On tend ensuite une corde pour dessiner l'ellipse. L'architecte s'est enfin laissé guidé par le chiffre quatre : chacune des fenêtres a été dédiée à un évangéliste, et ce sont quatre piliers qui soutiennent la charpente.

Adresse Route cantonale 40-44, 1464 Chêne-Pâquier | Accès Depuis le centre d'Yverdon-les-Bains, passer devant les bains thermaux, puis prendre la direction de Moudon. À Donneloye, prendre à gauche sur Molondin, puis, au centre de Molondin, poursuivre à gauche sur Chêne-Pâquier | Transports en commun Car postal 650, arrêt Chêne-Pâquier – La-Cure | À savoir Au XVIIIe siècle, plusieurs autres temples furent construits dans un style semblable : à Chêne-Bougeries, à La Chaux-de-Fonds et à Saint-Sulpice, près de Fleurier.

27 Le château de Champ-Pittet

Des salons ovales comme à la Maison-Blanche

Lorsque la vente de la propriété de Champ-Pittet a été envisagée en 1818, le prospectus indiquait que la construction et l'aménagement du domaine avaient été dirigés par un architecte anglais. Pas étonnant lorsque l'on sait que le bâtisseur Frédéric Haldimand, aux origines yverdonnoises, avait fait une brillante carrière dans l'armée britannique, jusqu'à devenir gouverneur du Canada. Avant d'obtenir ce poste, il s'était préparé à prendre sa retraite en achetant la parcelle de Champ-Pittet. Le projet de construction fut retardé par sa nouvelle affectation et Haldimand décéda avant la fin des travaux, en 1791.

Dans le guide de la Société suisse de l'histoire de l'art consacré au domaine de Champ-Pittet, Monique Fontannaz, historienne du patrimoine, se demanda si Haldimand n'avait pas joué un rôle plus important que celui de simple commanditaire. Sa carrière d'officier lui donnait de bonnes connaissances de la construction courante, et il n'est pas exclu qu'il ait même dessiné les plans de la maison.

Dans tous les cas, l'influence britannique est perceptible, en particulier celle de Robert Adam, un architecte devenu célèbre en incorporant certains éléments antiques dans des constructions de style néoclassique. La particularité architecturale qui frappe le plus à Champ-Pittet, et qui relie le bâtiment à la tradition anglaise, c'est la demi-rotonde en pierre jaune calcaire de la face nord. Épousant la forme hémicylindrique, les salons du rez-de-chaussée (qui accueille le restaurant) et du premier étage (où se trouvent les bureaux privés du centre nature) deviennent ovales, selon un modelage apprécié du néoclassicisme et inspiré de la tradition baroque. Le bureau du président des États-Unis a d'ailleurs été construit dans le même style quelques années plus tard ! Son volume est cependant plus important : l'axe le plus long à Champ-Pittet mesure environ 6 mètres ; à la Maison-Blanche, il atteint presque 11 mètres.

Adresse Chemin de la Cariçaie 1, 1400 Cheseaux-Noréaz, www.pronatura-champ-pittet.ch | Accès Prendre l'A5, sortie Yverdon-Sud et suivre Payerne-Fribourg, puis « Centre nature » | Transports en commun Arrêt CFF Yverdon - Champ-Pittet. Continuer à pied en suivant les panneaux « Centre nature » | Horaires d'ouverture De mi-mars à fin octobre | À savoir Au restaurant du rez-de-chaussée, vous pourrez découvrir la salle ovale. Selon disponibilités vous pourrez même y manger (une réservation est recommandée) !

28 Le Jardin des Délices

Oui, les framboises peuvent également être jaunes

Lorsque vous pénétrez dans le Jardin des Délices, à quelques dizaines de mètres au-dessus du site de Champ-Pittet, vous entrez dans un petit paradis dévolu à la culture de variétés anciennes de fruits et de légumes. Dans cet espace visant à sensibiliser le public à la préservation des espèces, certaines découvertes sont surprenantes, comme celle des framboises jaunes, appelées hauenstein. Elles ont pourtant été l'une des premières variétés à être cultivées en Suisse !

Protégées des vents par deux grands murs de 50 mètres, de nombreuses autres espèces rares sont plantées dans l'ancien potager du château de Champ-Pittet, longtemps resté à l'abandon, jusqu'à ce que le terrain – avec serre et cabane à outils – soit repris en 2006 et réhabilité par le centre Pro Natura. Aujourd'hui, les noms des variétés figurent sur de petits panneaux invitant à la découverte le long des quatre carrés du jardin. La variété hauenstein n'est qu'une framboise parmi d'autres. Sa culture a été rendue possible par la fondation Pro Specie Rara, qui a pour but de perpétuer la culture des végétaux traditionnellement produits en Suisse, mais qui ne sont plus disponibles dans la grande distribution. Aux côtés des petits fruits, nommons également quelques variétés anciennes de pommes de terre, comme la reine de mai, très précoce, et la bleue de Vichy, au typique goût de noisette. Les espèces rares ou communes poussent toutes en suivant de strictes normes biologiques : aucun engrais ni pesticide n'est utilisé. Le hérisson, ami du jardinier, mange quantité de limaces et l'eau de pluie est récupérée pour arroser de façon économique et écologique le potager.

Pour Léa Graham, cheffe de cuisine du restaurant du centre Pro Natura de Champ-Pittet, qui a fait ses classes dans les restaurants étoilés de l'hôtel de ville de Crissier et chez Anne-Sophie Pic au Beau-Rivage Palace de Lausanne, le potager, source de fraîcheur et d'inspiration, est un vrai cadeau du ciel.

Adresse Centre nature de Champ-Pittet, chemin de la Cariçaie 1, 1400 Cheseaux-Noréaz, www.pronatura-champ-pittet.ch | **Accès** Prendre l'A5, sortie Yverdon-Sud et suivre Payerne-Fribourg, puis « Centre nature » | **Transports en commun** Arrêt CFF Yverdon–Champ-Pittet. Continuer à pied jusqu'au centre nature, puis prendre le petit chemin qui monte à côté du château | **Horaires d'ouverture** Toute l'année (en hiver, billets à acheter sur l'application Twint, instructions sur place) | **À savoir** Sur son site, la fondation Pro Specie Rara présente 4 700 plantes dont elle perpétue la culture (www.prospecierara.ch).

29 Le martin-pêcheur

Observable sur ses perchoirs d'affût

À l'observatoire de Champ-Pittet, la branche qui surplombe l'étendue d'eau à environ 2 mètres de hauteur se présente comme une invitation au martin-pêcheur : à cette distance, elle est le perchoir idéal pour chasser les proies qui peuplent l'étang. Et puisque l'oiseau mange entre 14 et 25 petits poissons par jour, cette branche, pas trop éloignée de la cabane d'observation, devient aussi l'endroit parfait pour l'observer à l'œuvre avec des jumelles ou un appareil photo équipé d'un téléobjectif : le martin-pêcheur passe ici régulièrement durant l'automne et l'hiver.

Comme l'explique le photographe Daniel Aubort dans un livre co-édité avec le musée cantonal de Zoologie de Lausanne, le rituel avant chaque plongeon est le même : l'observation, la détente, et enfin une accélération impressionnante qui vaut à ce joli petit oiseau le surnom de « flèche bleue ». Il n'est d'ailleurs pas rare qu'il passe à toute vitesse à proximité des visiteurs sur les pontons. Autre avantage pour les observateurs, il reste fidèle à ses perchoirs d'affût ; il n'en change qu'en fonction du déplacement des poissons. Il sélectionne également ses branches favorites pour le toilettage ou le repos. Ce sont ainsi autant d'opportunités pour observer cet oiseau aux couleurs bien exotiques qui fait partie de la famille des Alcédinidés, dont certaines espèces vivent en Asie, en Australie ou en Océanie. Dans nos pays, alors qu'il a été chassé par le passé, car trop vorace en poissons, il est aujourd'hui protégé. Dans la réserve de la Grande Cariçaie, on en dénombrait 16 couples en 2020.

En cette journée de fin décembre, c'est une femelle qui s'est posée sur la branche, reconnaissable à la mandibule inférieure orangée de son bec. En un instant, tous les objectifs se sont dirigés sur le petit oiseau, et les appareils se sont mis à crépiter – en mode silencieux bien sûr. Après son envol, les photographes se regardaient mutuellement avec le sourire : le passage de cet oiseau magique leur a fait oublier le froid de cette journée.

Adresse Centre nature de Champ-Pittet, chemin de la Cariçaie 1, 1400 Cheseaux-Noréaz, www.pronatura-champ-pittet.ch | **Accès** Prendre l'A5, sortie Yverdon-Sud et suivre Payerne-Fribourg, puis « Centre nature » | **Transports en commun** Arrêt CFF Yverdon–Champ-Pittet. Continuer à pied jusqu'au château, puis prendre la direction du lac jusqu'au poste d'observation tout à gauche, au ras de l'eau | **Horaires d'ouverture** Toute l'année (en hiver, billets à acheter sur l'application Twint, instructions sur place) | **À savoir** À l'autre bout du lac, l'observatoire du centre nature de La Sauge permet également d'observer le martin-pêcheur en action.

30 Le village des grèbes huppés

En avant la parade nuptiale !

Les grèbes huppés se laissent observer au bord du lac de Neuchâtel pour le plus grand plaisir des promeneurs. Une chance, car, comme l'écrit Allain Bougrain-Dubourg, le président de la Ligue française de protection des oiseaux, dans son *Dictionnaire amoureux des oiseaux*, « leur parade nuptiale reste l'une des plus belles démonstrations du monde animalier ».

La population sur le lac de Neuchâtel est importante : elle est estimée à près de 1 000 couples, soit environ un tiers de la présence nationale. Au centre de Champ-Pittet, la plateforme tout à l'ouest, installée au bord de l'eau, permet la meilleure observation de ces ébats nuptiaux. Pris dans leurs tourbillons amoureux, les grèbes ne sont pas farouches et ne s'éloignent pas de la rive. Le rite comporte de nombreuses phases. Il y a la position du chat, tête rentrée dans les épaules, ailes étirées, qui donne effectivement aux grèbes des airs de matous qui font le gros dos. Ensuite, la danse du manchot, où les oiseaux se font face, le cou redressé en pivotant leur tête de manière cadencée… une danse qui peut durer plusieurs dizaines de minutes. Ensuite, les deux oiseaux s'immergent avant de se faire face à nouveau, portant au bec des algues aquatiques. L'échange de celles-ci renforce l'intimité et, pragmatiquement, lance la construction du nid. Chaque femelle pond ensuite entre quatre et six œufs, qui seront couvés durant 29 jours. Pour leurs premières sorties, les poussins prennent place sur le dos des adultes, une manière de les protéger des poissons voraces.

La plateforme de Champ-Pittet offre un beau spectacle à toute la famille. À la fin mars, une maman avec deux jeunes enfants contemplait les jeux de ces drôles d'oiseaux. Un grèbe plongea brusquement devant sa partenaire, une forme de préliminaire que ne connaissait apparemment pas la visiteuse. Elle a alors lâché : « Il s'est pris un râteau ! », laissant ses enfants perplexes. Très rapidement, les grèbes reprirent pourtant leurs ébats et les enfants s'émerveillèrent devant ces « canards amoureux ».

Adresse Centre nature de Champ-Pittet, chemin de la Cariçaie 1, 1400 Cheseaux-Noréaz, www.pronatura-champ-pittet.ch | Accès Prendre l'A5, sortie Yverdon-Sud et suivre Payerne-Fribourg, puis « Centre nature » | Transports en commun Arrêt CFF Yverdon–Champ-Pittet. Continuer à pied jusqu'au château, puis prendre la direction du lac jusqu'au poste d'observation tout à droite (10 min) | À savoir Du printemps à l'été, les grèbes se donnent en spectacle à d'autres endroits, comme devant le village de Gletterens ou au port de Cheyres.

31 L'atelier Incháurregui

Le nouvel âge du fer

Dans un atelier situé à quelques centaines de mètres au-dessus des rives, les sculptures de Guillermo Incháurregui font penser aux civilisations anciennes, dont celle des lacustres, qui ont peuplé le pourtour du lac. On y retrouve des formes abstraites, travaillées dans du fer plein comme en ces temps reculés, et qui ressemblent parfois aux objets préhistoriques. D'autres éléments du lac inspirent également l'artiste argentino-helvétique : les voiliers pour des bas-reliefs ou les châteaux au bord de l'eau pour des miniatures, par exemple.

Ses horizons sont pourtant bien plus larges : sa mère est d'origine amérindienne, et on retrouve dans ses œuvres les codes de la sculpture aztèque. Une œuvre est ainsi nommée *Pacha Mama*, « Terre-Mère », un hommage au culte mythologique andin de la fertilité. Incháurregui se laisse également accompagner par des musiques traditionnelles lorsqu'il travaille : dans son atelier résonne la nostalgique mélodie du *Temps des Gitans* d'Emir Kusturica, suivie des sons pimpants du Buena Vista Social Club de Ry Cooder. La musique l'inspire également pour les formes : il a redessiné un saxophone ou un demi-violon, sublimés en « corps de muse ». Les parties du corps s'invitent dans le jeu : les instruments de musique, réduits à l'essentiel, n'ont-ils pas déjà des allures d'ossements ?

Après l'esquisse vient la réflexion technique sur la manière de donner forme au fer ou à l'acier. Incháurregui modèle des barres de métal, les sculpte, les ponce. Il les enduit parfois de liquides choisis, leur confère ainsi des couleurs et des structures spécifiques, qui varient également en fonction de la lumière. Le sculpteur en fait la démonstration sur sa table de travail, où sont déposés tous les outils qu'il utilise durant les différentes étapes. Dans le fond de son atelier, enfin, est exposée une sélection d'œuvres de grande dimension ou de miniatures. Chaque statue fait l'objet de séries de huit exemplaires qui sont proposées à la vente.

Adresse Chemin de la Laiterie 2 A, 1545 Chevroux, +41 (0) 79 305 02 93, www.inchaurregui.com | **Accès** Prendre l'A1, sortie Payerne et suivre Grandcour, puis Chevroux. Après être entré dans le village de Chevroux, prendre à gauche sur la rue du Battoir | **Transports en commun** Car postal, arrêt Chevroux – La-Motte. Continuer à pied en prenant à gauche sur la rue du Battoir | **Horaires d'ouverture** Il faut prendre rendez-vous à l'avance pour visiter l'atelier | **À savoir** L'atelier se trouve dans l'ancienne laiterie de Chevroux.

32 Le Restaurant du Jura

Bien plus que des perches

Annick et Olivier représentent la quatrième génération de la famille Marmier aux commandes du Restaurant du Jura, à Chevroux. Depuis longtemps, le lieu est connu pour servir des filets de perche. Ceux qui sont préparés à la façon meunière viennent du lac, un exploit alors que les volumes de pêche sont en forte diminution. Les clients apprécient également ceux qui sont frits, en provenance de l'étranger.

Le Restaurant du Jura, c'est pourtant bien plus que les filets de perche. Le chef a roulé sa bosse dans plusieurs établissements étoilés en Suisse, en France et aux États-Unis. Chez Nik Gygax, qui tenait un restaurant gastronomique connu pour ses plats de pêche et crustacés dans la banlieue de Berne, il a appris la maîtrise du poisson. De ses voyages lui est venue une passion pour la cuisine fusion, cette manière d'enrichir la cuisine locale par des idées d'ailleurs. C'est ainsi qu'il revendique des paternités italienne (bruschette et crostini en entrée) et asiatique (préparation de légumes ou choix de l'assaisonnement) dans plusieurs de ses plats.

Le restaurant se fait un point d'honneur d'utiliser des ingrédients locaux : le bœuf vient de la boucherie de Saint-Aubin, l'agneau de Cheyres, le gibier parfois de la commune du restaurant. Les légumes, framboises et œufs sont livrés par des producteurs du village. L'établissement propose aussi un menu gastronomique avec une ou deux entrées. Le service est élégant et le personnel convivial. L'esprit d'équipe est très prégnant : les tenanciers organisent des voyages pour l'ensemble du personnel à l'étranger afin de souder le collectif. Il n'y a qu'une seule question qui ne trouve pas de réponse : pourquoi l'établissement s'appelle-t-il « Restaurant du Jura » ? Il s'agit certainement d'un nom générique, comme il existe plusieurs « Restaurant de la Couronne » ou « Café du Pont »… Le seul lien connu avec la région, c'est la vue à une centaine de mètres de là, depuis la rive, sur le Jura naissant, de l'autre côté du lac.

Adresse Route du Village 3, 1545 Chevroux, +41 (0) 26 667 11 52, www.restaurantdujura-chevroux.ch | **Accès** Prendre l'A1, sortie Payerne et suivre Grandcour, puis Chevroux | **Transports en commun** Car postal, arrêt Chevroux – Port | **Horaires d'ouverture** Le mardi de 17 h à 20 h, du mercredi au dimanche de 10 h à 23 h | **À savoir** Dans le port de Chevroux, une tour paysagère de 5 mètres de haut offre un joli coup d'œil sur les roselières environnantes.

33 Le pavillon des Bains

De cabanon abandonné à star photogénique

Sur une photo de 1993, le pavillon des Bains, construit par le propriétaire du château voisin au début du XXe siècle, n'a pas fière allure : plusieurs pans sont manquants, le bois est délavé et les pilotis dégradés. Le délabrement de l'édicule n'empêcha pourtant pas un groupe de passionnés de tomber sous son charme bucolique. Sous la présidence de Florence Hippenmeyer, architecte au service du patrimoine du canton de Neuchâtel, ils s'organisèrent en association et collectèrent 100 000 francs auprès d'institutions pour le rénover. Des artisans spécialisés réparèrent ce qui pouvait l'être et les parties manquantes furent remplacées. Les pilotis furent substitués par des pieux en chêne issus d'arbres spécialement élevés et préparés par des spécialistes du musée archéologique, le Laténium. Le toit, enfin, fut recouvert d'ardoise naturelle.

La fin de la restauration coïncida avec le cent cinquantième anniversaire du canton de Neuchâtel – l'échéance ne pouvait pas mieux tomber ! Dans ce pavillon, promu « lieu magique » par les organisateurs des festivités, le public découvrit des capsules vidéo d'une minute, où chaque citoyen avait pu raconter sa vision du territoire, mélangeant réalité et utopie. Symbole d'un canton mariant lac et collines, le pavillon fut placé pendant un temps au sommet du col de la Vue-des-Alpes, culminant à 1 283 mètres. Après ce lancement en altitude, et dans le cadre d'un arrangement avec la commune de Gorgier, l'édicule revint ensuite au bercail. Il fut alors déplacé de 300 mètres par rapport à son emplacement initial afin de le mettre bien en évidence à l'est du débarcadère.

Depuis, sa vie s'est emballée, en particulier sur la toile. Florence Hippenmeyer reçoit aujourd'hui encore personnellement de nombreuses photographies du pavillon et constate que ces clichés mettent souvent en avant son apparence exotique. Exemple à l'appui, elle constate d'ailleurs : « Au coucher du soleil à travers les branchages, c'est vrai qu'on a un peu l'impression d'être en Thaïlande ! »

Adresse Chemin de la Grève, 2025 Chez-le-Bart | Accès Prendre l'A5, sortie Vaumarcus ou sortie Bevaix et continuer sur Gorgier. Au centre de Gorgier, tourner en direction du port. Un parking est à disposition | Transports en commun Arrêt CFF Gorgier-Saint-Aubin. Descendre côté lac, puis continuer à pied vers le port de Chez-le-Bart (8 min) | À savoir À la fin du XIXe siècle et au début du XXe siècle, l'orientalisme était souvent une source d'inspiration pour des édifices aquatiques. Les Bains des Dames, à Neuchâtel, en est un autre exemple.

34 Le gâteau au sel

Le Flammkuchen en mieux

D'une petite maison du centre de Chiètres (Kerzers en allemand) s'échappe régulièrement une étrange fumée noire. C'est le signe que, dans l'un des deux fours banaux du village, l'on cuit du pain ou l'on prépare le fameux gâteau au sel (*Salzkuchen*). Cette spécialité est faite avec de la pâte de pain abaissée très finement, sur laquelle sont ajoutés de la crème, du cumin et du lard. Le tout est ensuite cuit au feu de bois, car la pâte doit être impérativement saisie à très haute température (250-300 degrés), ce qui lui donne un croquant très agréable… un plus par rapport à d'autres préparations de tartes flambées.

Chacune des deux organisations féminines de Chiètres met sur pied des ventes publiques de ces gâteaux. À la fin de l'hiver en particulier, il faut absolument consulter leurs sites internet pour découvrir les dates retenues. Les villages voisins de Chiètres organisent également des fournées de gâteau au sel, nommées *Salzkuchentage*. Les habitants profitent de l'occasion pour inviter des membres de leur famille qui ne vivent plus au village. Souvent, les visiteurs viennent également jeter un coup d'œil au four en activité. À Chiètres, la préparation du feu est dévolue aux hommes ; le préposé arrive plusieurs heures à l'avance. La tâche est d'autant plus longue si le four n'a pas été utilisé depuis longtemps. Ensuite, les dames confectionnent les gâteaux et les déposent sur les pelles à enfourner. Avant la cuisson, le milieu du four est encore nettoyé avec une serpillière légèrement humide afin d'enlever les braises.

Ces gestes sont perpétués de génération en génération. Les habitants d'âge moyen se souviennent encore du temps où ils venaient toutes les deux semaines cuire ici le pain de la famille. Aujourd'hui, ils peuvent réserver le four auprès de la commune pour des cuissons ou des réunions privées. Et très souvent, après le gâteau au sel vient la version avec crème et cannelle, pour terminer en beauté sur une note sucrée.

Adresse Four banal, Fräschelsgasse 6, 3210 Chiètres (Kerzers) | Accès Depuis Neuchâtel, prendre la direction de Berne et suivre Anet/Ins, puis Chiètres/Kerzers. Après la ligne de chemin de fer, prendre à gauche | Transports en commun Arrêt CFF Chiètres/Kerzers | À savoir Vous retrouverez toutes les informations et les dates des ventes publiques sur les sites des deux associations féminines de la commune : www.landfrauen-kerzers.ch et www.frauenverein-kerzers.ch.

35 Le Faix du Diable

Un lieu de délivrance et d'énergie

Ulrich Stuber connaissait à merveille les légendes du Seeland, les plaines entourant les lacs de Neuchâtel, Bienne et Morat. Il y a quelques années, un calendrier radiophonique de l'Avent sur la chaîne suisse alémanique SRF a égrené une série de contes de Noël tirés de sa plume. Dans une chronique intitulée « Le Seelandais », publiée en 1968 dans le journal de Bienne, il encourageait ses compatriotes à redécouvrir les beautés de leur région, au lieu d'envoyer des cartes postales de destinations lointaines. « Montez donc au Jolimont, cette idyllique colline de molasse près de Gals nimbée de nombreuses légendes. » « Quand vous vous reposerez auprès de la pierre du Faix du Diable (« faix » signifie « fardeau »), imaginez que, selon la légende, le Malin dut porter des pierres jusqu'à ce qu'une jeune fille lui adresse un gentil mot de compassion et le délivre ainsi de sa charge. » Pour leur part, les géologues rétorqueront que la pierre a été portée jusqu'ici « sur le dos du glacier ».

Pour rejoindre le Faix du Diable, il faut marcher environ une heure depuis Cerlier. Le chemin longeant la colline du Jolimont est ravissant : il offre une vue sur le village et les vignes. Après la clairière du Jolimontsgut, continuez dans la forêt pour rejoindre le site de la pierre, qui est également aménagé en place de pique-nique avec tables et foyer.

L'endroit est aussi devenu un haut lieu des géobiologues, cette communauté qui s'intéresse aux interactions entre les êtres vivants et leur environnement énergétique. Lors de notre visite, un jeune homme tenait un capteur avec antennes entre les mains et se déplaçait sur la pierre à la recherche d'ondes vibratoires. Dans son livre *Bioénergie*, Stéphane Cardinaux, architecte et géobiologue, consacre une page entière au Faix du Diable et explique comment un groupe qu'il a amené ici avait soudainement été saisi d'une forte vague d'énergie. Les événements qui ont suivi lui ont fait perdre la notion du temps pendant une semaine, écrit-il.

Adresse Forêt du Jolimont, 3238 Chules (Gals) | **Accès** Prendre l'A5, sortie Landeron et suivre Cerlier (Erlach)/Île Saint-Pierre. Se garer à Cerlier, puis continuer à pied (60 min) | **Transports en commun** Bus 521/527, arrêt Erlach – Stedli | **À savoir** Il est conseillé de suivre l'itinéraire en boucle pour se rendre au Faix du Diable (*Tüfelsburdi* en suisse-allemand). Prenez le chemin au sud de la colline du Jolimont pour l'aller et au nord pour le retour.

36 L'Atelier Horloger

La bonne adresse pour découvrir des micro-marques

L'Arc jurassien est une terre d'horlogerie, hébergeant de nombreuses manufactures réputées. La grande majorité des marques appartiennent pourtant à trois ou quatre grands groupes. Pour découvrir les « micro-marques », une adresse s'impose : l'Atelier Horloger à Colombier. Après avoir œuvré pour des entreprises établies comme Cartier, Rolex ou Omega, Sébastien Kaeser fait aujourd'hui le pari de proposer « le choix de la différence » avec des labels plus confidentiels. De plus, il possède l'autorisation officielle de réparer 15 grandes marques, ce qui lui permet de remettre en état presque toutes les montres.

Lorsque je lui ai demandé une petite sélection, Sébastien Kaeser a retenu trois coups de cœur. Il a tout d'abord présenté la marque Elka, qui vient d'être relancée par Hakim El Kadiri, ancien employé de la marque horlogère Rado. Les montres reprennent un design élégant et épuré des années 60 et arborent les initiales du nom de leur créateur. Il y a ensuite la marque Lundis Bleus, lancée par les horlogers Bastien Vuilliomenet et Johan Storni, également passés par des manufactures prestigieuses. La marque, désormais gérée par le premier des deux fondateurs, propose des montres avec des cadrans en émail grand feu, une technique exclusive où les pièces passent dans un four chauffé entre 800 et 1 200 degrés. Aerowatch est la troisième marque indépendante choisie par Sébastien : cette entreprise familiale fondée à La Chaux-de-Fonds est aujourd'hui domiciliée à Saignelégier, dans le Jura suisse. Le nom de la société reflète l'une de ses inspirations, le monde de l'aviation.

Toutes les montres sélectionnées par Sébastien portent le label « Swiss Made » – 60 % au moins des composants doivent provenir du pays – et sont équipées de mouvements (les pièces principales du mécanisme) de fournisseurs de qualité. Foi d'horloger, toutes les tocantes mécaniques suisses portant ce label atteignent aujourd'hui un bon niveau de précision.

Adresse Rue Haute 3, 2013 Colombier, www.atelier-horloger.ch | **Accès** De Neuchâtel, prendre l'A5, sortie Auvernier-Colombier et suivre Colombier-Centre | **Transports en commun** Bus TransN 120, arrêt Colombier–Saint-Étienne | **Horaires d'ouverture** Du mardi au jeudi de 10 h à 12 h et de 13 h 30 à 17 h 30, ainsi que sur rendez-vous | **À savoir** Plus haut dans le village, la confiserie Zürcher propose un excellent gâteau aux noisettes.

37_Le Bied

Grâce à ses amis, Rousseau s'habillait en Arménien

En se promenant de la plage de Robinson de Colombier à celle de Boudry, une belle maison de maître avec jardin à la française apparaît en bordure de chemin. En observant les dernières fenêtres côté est, on peut s'imaginer les visites de Jean-Jacques Rousseau dans le salon de Jean-Jacques et Marianne-Françoise de Luze.

C'est par un ami d'Yverdon-les-Bains que le philosophe a été recommandé à cette famille, qui s'occupa de lui avec beaucoup de dévouement dès son arrivée dans la région en 1762. Des petits mots échangés lors de rencontres au salon révèlent la complicité entre Rousseau et la famille des propriétaires, fabricants de toiles peintes très en vogue au XVIIIe siècle : les indiennes. Jean-Jacques dédia d'ailleurs à ses hôtes quelques lignes de poésie : « Nous sommes dans une maison où les biens pleuvent à foison : bonbons sucrés, jeunes appas, propos joyeux, mets délicats… » À madame de Luze, il soumit une requête particulière : « Il s'agirait de me rendre un service […] en me choisissant dans vos magasins quelque coupon d'indienne dont je pusse me faire une robe d'Arménien […] il faudrait aussi que vous voulussiez bien me faire l'emplette de quelque doublure chaude pour ladite robe, comme flanelle ou molleton ». La dame s'exécuta en envoyant cinq échantillons à l'écrivain, qui fit son choix et passa commande. Le chablon de la robe fut ensuite réalisé par une autre amie, madame Boy de la Tour. La suite de l'histoire est connue : les gravures représentant Rousseau portant le bonnet fourré arménien sont devenues célèbres. Comme explication à cette tenue, l'écrivain invoquait le confort vestimentaire.

S'habiller confortablement, c'est également ce que font aujourd'hui les hôtes du salon de la maison. Depuis 1892, cette dernière appartient à la famille de Bosset. Louis-Philippe et Yvonne y habitent aujourd'hui et l'épouse y organise des séances et des retraites de yoga et de relaxation. Les réunions se tiennent au salon, dans le pavillon du jardin ou au bord de l'eau.

Adresse Allée du Bied 48, 2013 Colombier, www.lesateliersdubied.ch | Accès Prendre l'A5, sortie Colombier. À la sortie du village, prendre la direction de Robinson et continuer jusqu'au parking du restaurant. Marcher pendant 15 minutes | Transports en commun Tram Littorail TransN, arrêt Colombier–Allées-Littorail. Continuer à pied (15 min) | À savoir Après les Luze, la maison a été successivement occupée par une princesse allemande, des soldats autrichiens puis prussiens, des jeunes filles en pension, un gouverneur prussien et un facteur de pianos saxon.

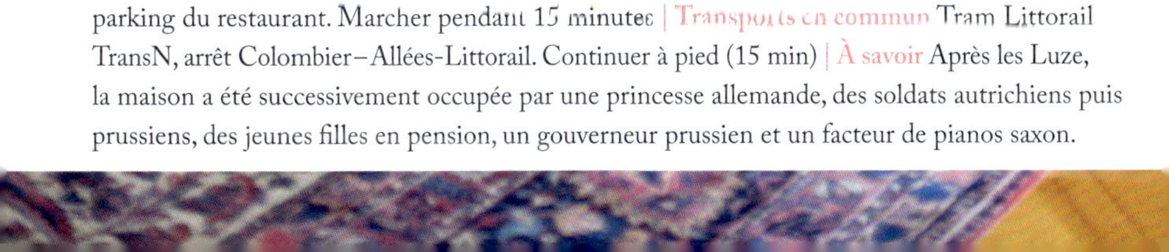

38 Le château

Le tableau de Cézanne a été vendu aux enchères

« Vendu pour 750 000 dollars ». Le 19 novembre 2021, au Rockefeller Center de New York, le commissaire-priseur adjuge le tableau de Paul Cézanne *Château de Colombier* au musée des Beaux-Arts de Budapest. L'État hongrois avait accordé une enveloppe spéciale à l'institution pour son cent cinquantième anniversaire.

L'aquarelle, représentant le château de Colombier dans un style impressionniste, a été peinte par Cézanne en 1890 au cours d'un voyage de 3 mois en Suisse. Avec sa femme Hortense et son fils Paul junior, ils s'étaient tout d'abord rendus en Franche-Comté pour le règlement d'une succession. Le voyage en Suisse semble, lui, s'être fait contre la volonté du peintre : dans une lettre à Émile Zola, l'écrivain Paul Alexis expliquait que Cézanne était remonté contre sa femme Hortense parce qu'elle lui avait infligé ce périple de 5 mois d'hôtel en hôtel, et qu'il se plaignait de n'avoir rencontré qu'une seule personne sympathique à Neuchâtel, un Prussien. De plus, au cours de leur séjour, le temps était maussade, et seules quelques escapades picturales semblent l'avoir égayé.

Les toiles de cette période ne furent pas immédiatement reliées à ce voyage. Ainsi, une peinture des gorges de l'Areuse, situées à quelques kilomètres au nord, a longtemps été répertoriée sous le titre très général de *Rochers et passage*. Grâce au travail de détective de Raymond Hutu, ancien professeur de dessin dont les recherches ont été publiées par la Société Cézanne, l'endroit précis a pu être déterminé. Quant à l'œuvre au château, pendant longtemps, il n'était même pas établi que le fameux château était celui de Colombier. Aujourd'hui, les spécialistes en sont pourtant convaincus et ont biffé Gruyères, Annecy ou Pontoise de la liste des candidats. Raymond Hutu a également retrouvé une vieille carte postale représentant un peintre avec chevalet et parasol devant la demeure. En prenant en compte l'angle de la perspective, il estime que l'artiste pourrait bien être le célèbre peintre en personne.

Adresse Rue du Château, 2013 Colombier | Accès Prendre l'A5, sortie Areuse ou sortie Auvernier et continuer jusqu'à Colombier. Un parking se trouve près du château | Transports en commun Tram Littorail TransN, arrêt Colombier | À savoir Le château n'est pas ouvert au public, puisqu'il est utilisé comme caserne. Seule la cour, ceinturée de fenêtres ornées de chevrons, peut être visitée.

39 La fontaine de 1775

Les inscriptions gravées racontent son histoire

Située au début de la route qui mène au domaine de la Lance, cette fontaine fait partie de la sélection de Paul Bonard pour son livre sur les fontaines des campagnes vaudoises publié en 1977. Avec les indications qui y sont gravées et les documents d'archives, il est possible d'en retracer l'histoire.

Les inscriptions sur le mur sud du bassin sont les plus anciennes et les plus difficiles à lire, les intempéries les ayant en partie effacées. De la mousse et du lierre recouvrent également partiellement l'inscription de gauche « FPG 1775 », qui évoque la date de construction précédée des initiales de François Payot, gouverneur. Dans le cartouche de droite, on perçoit difficilement les lettres « FJ », initiales du carrier Félix Jeannet, l'artisan qui a taillé la fontaine. Ces indications (acquéreur, date de construction, carrier) étaient courantes à l'époque. Parfois les armoiries de la commune y étaient aussi gravées – mais pas ici. L'inscription au dos de la colonne (appelée également « chèvre ») est en revanche bien lisible. 1959 fait référence à l'année où la fontaine a été déménagée du centre du village à cet emplacement. Pendant près de 2 siècles, elle a en effet officié devant la laiterie, jusqu'au jour où elle est devenue encombrante. Ernest Du Pasquier, alors viticulteur et agriculteur à Concise, également engagé en politique et sensible aux objets du passé, l'acheta pour un franc symbolique et la déplaça sur son domaine.

À cette époque, le transport des charges lourdes était heureusement devenu plus aisé que lors de la première pose, grâce à la mécanisation. Au XVIIIe siècle, il était difficile de trouver une remorque adéquate, le mauvais état des routes entravait le travail et le passage des ponts était limité. Pour la main-d'œuvre, le pouvoir local de Concise mobilisa tous les administrés. Convoqués pour le 8 décembre 1774, ils étaient également avertis que celui qui manquerait à l'appel était passible d'une amende de 10 batz infligée « sans miséricorde ».

Adresse Chemin de la Lance, 1426 Concise | **Accès** Sur la route cantonale 5, à la sortie de Concise en direction de Neuchâtel, suivre le panneau rouge « Domaine de la Lance » sur la droite. La fontaine se trouve dans l'angle | **Transports en commun** Car postal 630/635, arrêt Concise – Village. Continuer à pied sur la route cantonale 5 en direction de Neuchâtel (10 min) | **À savoir** Selon la loi, toutes les fontaines construites dans le canton de Vaud avant 1914 sont protégées.

40 Les pyramides

Gizeh-sur-Lac

Parfois appelés les « pyramides de Concise », les quatre menhirs sont un but de promenade idéal, car situés à côté de champs et de vignes. Cette dénomination honorifique cache pourtant le fait que, durant une certaine période, les intérêts agricoles reléguèrent au second plan ceux de la conservation historique. Ainsi, l'un des quatre menhirs fut retiré, puis remplacé plus tard. Cet échange provoqua ensuite une confusion, la présence d'une pierre plus récente fit douter ceux qui n'étaient pas informés de l'authenticité de l'ensemble.

De fait, la confirmation ne fut donnée qu'un siècle plus tard, à la suite des premières fouilles dirigées par l'archéologue Alexandre Chevalier. L'équipe découvrit qu'au moins cinq menhirs s'étaient trouvés sur place, et que l'un d'eux avait été probablement scindé et enterré au Moyen Âge. D'autres pierres qui auraient été dressées à cet endroit pourraient être encore ensevelies. D'ailleurs, dans le village voisin de Concise, un mégalithe scindé en deux a été exhumé. Des fragments de céramique retrouvés autour des quatre menhirs permettent enfin de dater partiellement le site entre 4 400 et 4 000 avant J.-C.

Les menhirs au nord sont plutôt de forme conique, tandis que le quatrième au sud-est présente un sommet un peu aplati avec des cupules, des creux circulaires faits par l'homme dans la pierre. Comme le trop-plein de l'un de ces creux se déverse dans une autre entaille faite plus bas, l'anthropologue Kurt Derungs avança l'hypothèse que cette pierre aurait été utilisée pour des offrandes d'eau ou de lait. Il nota également l'importance des saisons pour l'observation des menhirs. Il conseille de se placer au milieu des quatre pierres début novembre et début février pour apprécier le coucher de soleil. D'une manière générale, les heures les plus favorables pour observer les pierres levées sont celles autour du lever et du coucher de soleil (les fameuses « heure bleue » et « heure dorée »).

Adresse Le Tombex, 1426 Corcelles-près-Concise | **Accès** Depuis la route cantonale 5, suivre les panneaux bruns « Menhirs » | **Transports en commun** Car postal 630/635, arrêt Corcelles-près Concise – Village. Continuer à pied en direction d'Yverdon sur 200 mètres, puis prendre la rue du Tombex sur la droite et poursuivre en direction des vignes (10 min) | **À savoir** En retournant en direction du village et en poursuivant vers le lac depuis ces quatre pierres, on peut découvrir le menhir de la Vernette, sur le chemin la Riaz.

41 L'Auberge de La Sauge

Ancienne douane à la frontière des langues

La Sauge se trouve à la frontière entre les cantons de Berne et de Vaud. Le franchissement de la Broye signifie également que l'on passe la barrière des langues. Déjà du temps des Romains, un pont sur lequel passait l'ancienne route entre Avenches, Anet et Petinasca (aujourd'hui Studen) traversait la rivière. Durant le Moyen Âge, il constituait la frontière entre le bailliage de Vaud, sous administration savoyarde, et la maison de Neuchâtel-Erlach. Sous la domination bernoise, le domaine appartenait à l'État. En 1675, il fut vendu à Jean-Jacques Milliet, qui dut alors s'engager à jouer le rôle de douanier pour les hôtes de l'auberge. Il devait ainsi examiner « sérieusement tous ceux qui y pass[aient] et loge[aient], d'où ils [venaient] et leur demander des bulletins de santé ». Il fut également astreint à livrer annuellement deux brochets d'une longueur de 2 pieds au bailli d'Avenches. Le domaine changea ensuite plusieurs fois de propriétaires, et au XIXe siècle la famille Fasnacht monumentalisa la façade en érigeant deux tours médiévalisantes reliées par une galerie. La tour côté lac dut cependant être démolie il y a une vingtaine d'années en raison de problèmes de stabilité. Plusieurs travaux sur les fondations ont en fait été rendus nécessaires par la modification des sols à la suite de la première correction des eaux du Jura. Avant ça, le lac arrivait jusqu'à La Sauge.

L'auberge a été rachetée en 1934 avant d'être transférée ensuite à une fondation, qui travaille en partenariat avec le centre nature inauguré ici en 2001. L'hôtel propose 12 chambres et un restaurant doté d'une belle carte avec, entre autres, salades, burgers et poissons (filets de sandre). Les prix sont peut-être un peu plus élevés que dans d'autres établissements, mais le cadre et la nourriture sont de qualité. Un grand nombre de visiteurs vont ou reviennent d'une exploration ornithologique – on les remarque à leurs appareils photo avec téléobjectifs ou à leurs jumelles.

Adresse La Sauge 2, 1588 Cudrefin, www.aubergedelasauge.ch | Accès Prendre l'A1, sortie Avenches et suivre Cudrefin, puis Anet/Ins | Transports en commun Car postal 535, arrêt Cudrefin – La-Sauge ; à la belle saison, bateau depuis Neuchâtel ou Morat, arrêt La-Sauge | À savoir En 1869, après rénovation, le propriétaire chercha par annonces répétées dans le journal *Le Confédéré* de Fribourg une « famille active et intelligente » pour gérer l'auberge.

42 La colline du Montet

Une prééminence frappante

En voiture ou depuis le car postal reliant La Sauge à Avenches, on ne peut qu'être frappé par l'ensemble formé par l'église Saint-Théodule, la cure paroissiale et ses dépendances, juché sur cette colline champêtre surplombant Cudrefin. Cette vue étonnait certainement déjà les voyageurs avant la fin du Ier millénaire. L'église a bien sûr subi de nombreuses rénovations, mais l'ensemble a gardé les traits de celui édifié par Humbert de Savoie, dit le Bâtard, seigneur de Cudrefin, ainsi que d'autres notables, dans le deuxième quart du XVe siècle. Marcel Grandjean, historien du patrimoine, y voit l'une des premières manifestations en Romandie du gothique flamboyant, un pont stylistique entre le Moyen Âge scolastique et la Renaissance humaniste.

En entrant dans le temple, sur la gauche, se niche la chapelle de la Trinité. Très petite en surface (environ 10 mètres carrés), elle a été construite en 1440 sur un ancien ossuaire. En levant la tête, on découvre un tétramorphe, c'est-à-dire une représentation des symboles des quatre évangélistes, séparé en quatre parties : quatre animaux ailés à face d'homme (Matthieu), de taureau (Luc), d'aigle (Jean) et de lion (Marc). En s'avançant dans l'église apparaît le chœur voûté en croisée d'ogives, où est installé un bel autel de 1678. Sur les colonnes soutenant les ogives figurent les armes d'Humbert de Savoie. La nef a été percée au cours des siècles pour y faire place à des fenêtres.

Lors de l'avant-dernière restauration entre 1912 et 1914, un plafond en berceau fut apposé. Une nouvelle phase de travaux a eu lieu dans les années 80, les fondations ont été assainies par la pose d'un drainage afin de lutter contre les problèmes d'humidité. Avant ou après une visite de l'église, il est vivement conseillé de s'asseoir sur l'un des bancs situés sur la terrasse côté nord. D'ici, on jouit d'une très belle vue sur la vieille ville de Cudrefin, sa belle tour de l'Horloge, ainsi que sur le lac.

Adresse Église Saint-Théodule, chemin Derrière-les-Vignes 1, 1588 Cudrefin | Accès Prendre l'A1, sortie Avenches et suivre Cudrefin, puis Montmagny | Transports en commun Car postal 535, arrêt Montet–Village | À savoir À proximité de l'église, la rue de l'Ancienne-École est bordée de jolies maisons. On y trouve également le four banal qui, dans les grandes occasions, est utilisé pour confectionner des gâteaux du Vully.

43 Le lac de Cudrefin

Un nom flottant jusqu'au XIXe siècle

Dès le XIVe siècle, le bailliage de Vaud, dont Cudrefin faisait partie, était gouverné par la maison de Savoie. Les documents importants de l'époque étaient alors consignés dans le Trésor des chartes de Chambéry. Ces archives ont connu un destin mouvementé : déplacées par la suite à Nice, elles ont finalement été transférées dans la nouvelle capitale savoyarde, à Turin, où elles sont toujours conservées. Pour les Cudrefinois, ce fonds contient au moins un document exceptionnel, celui qui désigne le lac par le nom de leur commune. Dans un acte de vente de 1319, Théobald de Grandson, issu d'une importante famille régnant à l'autre extrémité du lac, cède à un dénommé Othon toutes ses propriétés « entre le lac de Morat et le lac de Cudrefin ».

Le nom du lac de Neuchâtel a longtemps fait l'objet de rivalités. Dans un livre de la série *Trésors de mon pays* consacré à Estavayer en 1958, l'auteur revendique le titre pour sa cité en invoquant le passé : « Durant plusieurs siècles, Estavayer était bien la reine du lac ; elle tenait la seigneurie de Gorgier, avait des droits sur le prieuré de Bevaix, sur Cortaillod et jusqu'à Colombier. » « Lac d'Estavayer » a été utilisé durant cette période faste entre le XIIe et le XIVe siècle.

Le plus coriace rival au titre fut toutefois Yverdon. Le candidat avait un dossier solide avec, à son actif, la première mention écrite du lac. L'acte de fondation de l'abbaye de Bevaix de 998 le relie en effet au nom antique de la ville vaudoise : *laci everdunensis*. Cette situation est liée à l'importance d'Yverdon dans le commerce fluvial depuis l'époque romaine. Pendant une période, les deux dénominations cohabitèrent : sur une carte officielle de 1871, « lac d'Yverdon ou lac de Neuchâtel » remplit l'espace. Depuis le XXe siècle pourtant, seul « lac de Neuchâtel » fait loi : après la montée en puissance des seigneurs du lieu, c'est la perte en importance du transport fluvial et l'arrivée du rail qui tranchèrent définitivement l'affaire.

Adresse 1588 Cudrefin | **Accès** Prendre l'A1, sortie Avenches et continuer jusqu'à Cudrefin | **Transports en commun** Arrêt CFF Anet/Ins, puis car postal 535, arrêt Cudrefin – Place-de-la-Tour ; à la belle saison, bateau Neuchâtel-Cudrefin | **À savoir** Tel Salomon, un Neuchâtelois qui habitait à Yverdon a proposé l'appellation « lac Roman », en référence aux lacs « Léman » et « Bodan ». Un coup dans l'eau…

44 La maison de la Reine Berthe

La légende d'une souveraine voyageuse

Beaucoup de Romands se représentent assez précisément Berthe, reine de Bourgogne puis d'Italie, ensevelie à Payerne au Xe siècle : dans de nombreux cortèges, elle est incarnée par de jeunes dames élégantes vêtues d'une longue robe, coiffées d'une couronne et d'un voile. La légende dit qu'elle était d'une grande bonté, proche des gens et qu'elle a fait construire de nombreuses églises, tours et routes. À l'écoute de ses administrés, elle sillonnait son royaume à cheval pour aller à leur rencontre.

Charles Albert Cingria, un auteur hors norme du XXe siècle qui a fréquenté Cendrars, Claudel et Stravinsky, adulé encore aujourd'hui par un cercle d'aficionados, lui a consacré un ouvrage. Ses sujets, écrit-il, l'ont « rencontrée aussi comme une voyageuse, une simple dame. Elle passe la nuit dans une hôtellerie d'un de ces gros villages où il n'y a que cela comme événement qu'y chantent les coqs. » La fable lui prête également beaucoup de demeures. Un journal de Fribourg du XIXe siècle, *Le Chroniqueur suisse,* résumait la croyance locale : « De nos jours, les reines ont pour demeure des palais ; Berthe habitait tour à tour quelque ferme royale ou l'un des châteaux du prince, à Chavornay, à Lausanne, à Yverdon, à Payerne, parfois à Soleure, ou bien encore à Strœtlingen, sur les bords du lac de Thoune. »

Cette reine nomade aurait même possédé une demeure à Cudrefin. Au XXe siècle, en mentionnant cette histoire dans une notice consacrée au bâtiment, le premier archéologue cantonal vaudois a un peu légitimé cette théorie, explique le livre publié à l'occasion du millénaire de la ville. Selon cet article, l'histoire a été montée de toutes pièces au XIXe siècle. L'emplacement choisi pour cette fabulation présente pourtant un lien avec la reine : la maison est construite sur les anciens remparts, sa partie sud-ouest repose sur l'ancienne tour des Chavannes. Et la légende prête à Berthe la construction de nombreux beffrois.

Adresse Rue de la Reine-Berthe 26, 1588 Cudrefin | Accès Prendre l'A1, sortie Avenches et continuer jusqu'à Cudrefin | Transports en commun Arrêt CFF Anet/Ins, puis car postal 535, arrêt Cudrefin – Place-de-la-Tour ; à la belle saison, bateau Neuchâtel-Cudrefin | À savoir La reine Berthe est souvent représentée sous les traits d'une filandière. Le quiproquo est né d'une confusion avec une souveraine italienne.

45 Le môle de la Broye

Le restoroute des oiseaux en transit

Sur le lac de Neuchâtel, le môle de la Broye est un point de vue privilégié pour l'observation ornithologique. Les nuées d'oiseaux sont souvent impressionnantes, et les individus se laissent observer à une assez faible distance. Ainsi, tout le long du môle, plusieurs observateurs avec jumelles ou appareils photo équipés de téléobjectifs viennent s'y placer pour contempler le spectacle, en particulier en matinée et en soirée. Un détour par l'extrémité de la jetée vaut en tout cas la peine, puisque de là s'ouvre une belle vue sur le Chablais de Cudrefin, la réserve qui s'étend jusqu'à la ville voisine.

Sur le môle, le spectacle est assuré toute l'année, avec un peu moins de mouvement durant l'été toutefois. En hiver principalement, les bancs de sable émergeant hors de l'eau attirent de nombreux laridés (goélands, mouettes rieuses, sternes, guifettes) ainsi que des limicoles (courlis cendrés au sol, reconnaissables à leurs longs becs, par exemple). Des pieux ont été plantés comme reposoirs pour les laridés, qui s'y installent à différents moments de la journée – ce qui facilite également l'observation de ces espèces. Les rassemblements d'oiseaux sont d'une manière générale les plus impressionnants au crépuscule, lorsque ceux-ci se regroupent avant de rejoindre leur dortoir. Le printemps et la fin de l'été sont des périodes très appréciées des ornithologues, car l'endroit est un point de passage de nombreux oiseaux en transit. Les observations de spécialistes et du grand public ont permis de constater l'importance d'une voie migratoire du lac de Constance à Genève.

Pour arriver au môle, le chemin passe forcément par La Sauge, d'où il faut marcher environ 30 minutes. La Sauge à elle seule vaut le détour : ici se trouve une charmante auberge (voir chap. 41) ainsi que le centre nature Birdlife. En plus d'une exposition, les visiteurs peuvent accéder à des observatoires installés aux bords d'un petit et d'un grand étang.

Adresse Môle de la Broye, 1588 Cudrefin | **Accès** Prendre l'A1, sortie Avenches et suivre Cudrefin, puis Anet (Ins). Se garer à La Sauge et longer à pied la Broye côté ouest (30 min) | **Transports en commun** Car postal 535, arrêt Cudrefin – La-Sauge ; durant l'été, en bateau depuis Neuchâtel ou Morat | **À savoir** Sur le site ornitho.ch, en libre accès, de nombreux particuliers consignent leurs observations d'oiseaux pour le canal de la Broye, ainsi que pour de nombreux autres endroits.

46_Le Bateau

Ici, le capitaine est chef de cuisine

En visionnant le petit film d'avril 1966 montrant le transport du bateau *Fribourg* depuis la rive jusqu'à son emplacement actuel, Beat Keusen pointe du doigt un bambin au bonnet rouge, qui suit du regard l'installation finale. « Je ne me serais pas reconnu si on ne me l'avait pas dit ! », explique le fils de celui qui est à l'origine de la « mise à sec » de l'embarcation, l'un des deux bateaux amiraux de la navigation sur le lac de 1913 à 1965.

Eric Keusen, le père de Beat, avait saisi l'opportunité d'acheter l'embarcation qui venait d'être mise à la retraite, caressant alors l'idée de créer un lieu sortant de l'ordinaire. À l'origine, il prévoyait plutôt de racheter un train, mais l'offre de reprendre le *Fribourg* arriva à point nommé. Afin de s'assurer que le colosse de 48,5 mètres de long n'allait pas lui filer entre les pattes, il chargea un ami poissonnier d'apporter rapidement une caution de 1 000 francs suisses aux propriétaires. Une fois le deal assuré, il chercha une entreprise capable de transporter le bateau depuis le port de Delley-Portalban jusqu'à l'emplacement actuel, à quelque 800 mètres de là. Sur les images du petit film familial, qui est encore présenté régulièrement à des groupes de clients, on voit comment les spécialistes de l'entreprise Friderici ont tiré le bateau hors de l'eau avec un treuil, puis l'ont traîné à vitesse d'escargot jusqu'ici.

Depuis lors, les amateurs de bons plats désirant profiter d'un décor historique original se retrouvent ici. De février à avril, on y sert du brochet au four, qui, présenté sur le plat, ravit les yeux avant les papilles. Les filets de bondelle – frais ou fumés – sont également servis en fonction des livraisons des pêcheurs. Si les filets de perche restent le plat le plus commandé, ils viennent souvent de l'étranger en raison de la diminution des volumes de capture dans le lac. Lorsqu'ils sont originaires de la région, cette indication est notée sur le menu.

Adresse Route du Port 8, 1568 Delley-Portalban, www.le bateau.ch | **Accès** Prendre l'A1, sortie Avenches et suivre Cudrefin, Saint-Aubin, puis Delley-Portalban. Le Bateau se trouve sur la droite, après le giratoire au centre du village | **Transports en commun** Bus TPF 544, arrêt Portalban – Village | **À savoir** Le bateau-frère du *Fribourg*, le *Neuchâtel*, a été restauré et remis à flot en 2014.

47 La borne immergée

Elle délimite les cantons de Fribourg et Vaud

En quittant Portalban par le chemin des Grèves direction Cudrefin, après environ 1 kilomètre, on passe la frontière entre les cantons de Fribourg et de Vaud. En lorgnant sur le lac, on peut alors distinguer une borne à moitié immergée. Que fait-elle là ?

Pour comprendre le contexte, il faut se pencher sur les délimitations territoriales assez complexes dans cette région appelée la Broye, en référence au nom de la rivière qui la traverse. L'unité du territoire a volé en éclats après les guerres de Bourgogne et l'invasion du canton de Vaud par les Bernois, qui laissèrent à Fribourg une partie du butin. Aujourd'hui, en prenant l'autoroute entre Yverdon et Morat, on alterne cinq fois d'un canton à l'autre. La Réforme a cimenté les séparations, avec d'un côté les Fribourgeois catholiques, et de l'autre les Vaudois protestants, si bien que, dans le *Guide du pays des Trois-Lacs & de l'Expo.02*, cette délimitation est comparée au mur de Berlin… D'expérience propre, poser une question sur une commune appartenant à l'autre canton, même si celle-ci se trouve à quelques kilomètres seulement, peut être perçu comme une impertinence. Notons cependant que l'entente broyarde s'est retrouvée un peu cimentée au cours de ces dernières décennies au travers de quelques grands projets intercantonaux (gymnase, hôpital).

La tendance historique du quant-à-soi explique certainement en partie le nombre important de bornes délimitant la frontière entre les cantons de Vaud et de Fribourg. Grâce aux recherches de Jean-Pierre Anderegg et François Chappuis, passionnés d'histoire régionale, 614 pierres de ce type ont été recensées. Dans cette frénésie de marquage du territoire, une borne a été placée en 1880 entre Portalban (Fribourg) et Chabrey (Vaud) au bord du lac, sur la terre ferme… à l'époque. L'érosion que connaissent les rives sud – freinée par les efforts de l'Association de la Grande Cariçaie – a fait que la pierre s'est tout à coup retrouvée à moitié immergée en 1956, au grand étonnement des passants.

Adresse Grèves du Lac, 1568 Delley-Portalban | Accès Prendre l'A1, sortie Avenches et suivre Cudrefin, Saint-Aubin, puis Delley-Portalban. Se garer au port et continuer à pied sur les grèves du lac. 20 mètres après la villa Pourquoi pas, s'engager sur un petit ponton pour voir la borne | Transports en commun Bus TPF 544, arrêt Portalban. Continuer à pied vers la rive | À savoir Toutes les bornes historiques sont répertoriées sur le site map.geo.fr.ch (sélectionner le thème « patrimoine », puis cocher la case « bornes historiques »).

48 Le monument à René Grandjean

Le premier aviateur à avoir traversé le lac

À Portalban, sur la route du port, se dresse un monument à la mémoire de René Grandjean « qui le premier traversa le lac de Neuchâtel avec un aéroplane de sa construction ». Cette pierre se trouve à quelques encablures du lieu où l'aviateur a atterri… de manière plutôt involontaire.

En cette journée du 18 juin 1911, le jeune pilote de 26 ans, qui avait lui-même construit son appareil d'après des photos de l'avion de Louis Blériot, pensait atterrir un peu plus loin, à Avenches, où se trouvait déjà un aérodrome. Après avoir décollé à 7 h 27 de Planeyse, à Colombier, de l'autre côté du lac, il fit monter sans problème son appareil de plusieurs centaines de mètres. Mais alors que l'avion se trouvait à mi-parcours, le moteur commença à toussoter, puis s'arrêta net. L'élan de l'appareil permit à Grandjean de pratiquement atteindre l'autre côté du lac, mais l'avion atterrit tout de même dans les roseaux et fut définitivement stoppé en percutant un arbre. Les raisons de la panne ne sont pas connues, mais à l'époque « elles étaient fréquentes », explique Michel Porchet, qui a reconstruit de 1993 à 2010 l'avion Grandjean III, un modèle ultérieur à celui utilisé pour la traversée du lac. « René Grandjean a en tout cas bien maîtrisé la situation en amorçant un vol plané vers l'autre rive », apprécie-t-il en connaissance de cause.

Après cet atterrissage forcé, René Grandjean courut avertir par téléphone les collègues qui l'attendaient à Avenches. Le Conseil d'État vaudois, qui avait promis une récompense au premier pilote qui traverserait le lac, estima que l'exercice était réussi, et lui remit 100 francs or, accompagnés d'un chronographe. Peu de temps après, auréolé de ce succès, René Grandjean se mit à construire un nouvel avion, cette fois-ci équipé de flotteurs. Mais ce fut moins la mauvaise surprise de la panne au milieu du lac que le manque de terrains d'aviation en Suisse qui le poussa à construire un hydravion.

Adresse Rue du Port, 1568 Delley-Portalban | Accès Prendre l'A1, sortie Avenches et suivre Cudrefin, Saint-Aubin, puis Delley-Portalban. Poursuivre en direction du port, le monument se trouve à droite au début du parking | Transports en commun Bus TPF 544, arrêt Portalban–Village. Continuer à pied en direction du port (10 min) | À savoir Après une visite au monument, il est possible de se diriger vers le port et de s'arrêter sur la belle terrasse du restaurant La Salamandre.

49 Le port des pêcheurs

Une sortie pour lève-tôt avec Claude Delley

Il faut être matinal pour accompagner Claude Delley lors d'une sortie sur le lac. Selon la saison – l'heure est avancée en été –, il faut se trouver entre 4 h 30 et 6 h 30 devant son cabanon de pêcheur. Les premiers instants se passent dans l'obscurité, avant que le soleil vienne embraser les flots.

Avant le départ, il faut penser à s'équiper de vêtements chauds (idéalement plusieurs couches permettant de s'adapter à l'augmentation de la température durant la matinée) et de bottes ou de bonnes chaussures. Le programme de pêche peut alors commencer. À la fin du mois d'octobre, Claude et son fils Cyrille sont sortis une première fois dans l'obscurité pour poser des filets à perches et relever des nasses préalablement déposées. La profondeur des filets et des nasses dépend de la période : plus il fait froid, plus les poissons cherchent la profondeur. Pour les perches, par exemple, elles se trouvent entre 0 et 15 mètres de la surface du lac en été ; en hiver, elles peuvent descendre jusqu'à 60 mètres.

De retour sur la terre ferme, on profite du petit-déjeuner, que chacun aura pris dans son sac, dans le cabanon de pêcheur. À table, la discussion va bon train. On y apprend, par exemple, que les poissons les plus pêchés dans le lac sont les bondelles, les perches, les palées et les brochets. Ensuite, il est temps de repartir. Il faut maintenant relever les filets et démailler chaque poisson. C'est en moyenne 10 kilogrammes de perches qui sont sortis des nasses et environ la même quantité des filets. Dans le cabanon, les poissons sont écaillés, puis leurs filets découpés à la main ou avec une machine. Selon disponibilité, des filets de bondelles préalablement fumés sont proposés à la vente, ainsi que du poisson frais selon la prise. En les dégustant à la maison, on peut ainsi se remémorer les sympathiques échanges avec Claude et Cyrille et repasser dans sa tête les belles images de cette sortie sur le lac aux premières heures de l'aube.

Adresse Chemin des Pêcheurs 5, 1568 Delley-Portalban, tél. +41 (0) 79 634 70 30, www.delley.ch | Accès Prendre l'A1, sortie Avenches et suivre Cudrefin, Saint-Aubin, puis Delley-Portalban. Au port, prendre à droite sur 100 mètres, puis à gauche avant le panneau « Interdiction de circuler » | Horaires d'ouverture Visites gratuites le mardi, le mercredi ou le jeudi. Réservation le plus tôt possible indispensable. Maximum 3 adultes ou 2 adultes avec 3 enfants | À savoir Il est ensuite possible de se promener au bord du lac en direction de Gletterens ou de Cudrefin.

50 Le sentier des grèves

Les fleurs s'y donnent en spectacle

Du printemps jusqu'à la fin de l'été, en particulier de mi-juin à fin juillet, une sortie champêtre dans la Grande Cariçaie vous ravira. Au bord des chemins, vous rencontrerez une multitude d'espèces variées et de différentes couleurs. Une balade entre Delley-Portalban et Cudrefin est particulièrement recommandée ; vous pouvez également suivre la rive dans l'autre direction jusqu'à Estavayer-le-Lac.

Un tiers des 2 700 espèces florales recensées en Suisse se trouvent dans la Grande Cariçaie. L'utilisation d'applications de reconnaissance pour téléphone comme *Flora Incognita* (gratuite) vous permettra de mettre des noms sur les espèces. Les plus aguerris s'équiperont d'un livre comme le guide d'excursions *Flora Helvetica*. Vous croiserez peut-être la succise des prés, avec ses belles inflorescences bleutées en pompon, auxquelles les abeilles viennent se régaler. Un peu plus loin, vous pourriez repérer le liseron des haies avec ses frappantes fleurs blanches en entonnoir. Dans des tons semblables, la ronce bleue a de quoi étonner : cette espèce épineuse donne une très jolie inflorescence blanche à cinq pétales et produit un fruit comestible au goût de mûre. Dans des couleurs rose-violet, l'épiaire des marais élance quant à lui des grappes de fleurs, ornées de dessins plus clairs sur les lèvres inférieures. Le jaune des pulicaires dysentériques, dont les fleurs sont groupées en capitules, comme pour les marguerites, attirera votre regard. Cette plante fait partie de la même famille que l'inule de Suisse, pour la préservation de laquelle la Grande Cariçaie joue un rôle important.

Dans les raretés de grande beauté, on compte également plusieurs variétés d'orchidées, comme la spiranthe d'été, avec ses élégantes torsades, ou l'orchis des marais, avec de belles fleurs roses à pourpre pâle en épi. Enfin, la réserve joue un rôle important dans la préservation des utriculaires, des plantes carnivores qui se révèlent être de véritables pièges à insectes.

Adresse Chemin des Grèves, 1568 Delley-Portalban | Accès Prendre l'A1, sortie Avenches et suivre Cudrefin, Saint-Aubin, puis Delley-Portalban | Transports en commun Bus TPF 544, arrêt Portalban – Village. Continuer à pied en direction du lac (10 min) | À savoir Fruit de 10 ans de travail, l'ouvrage de près de 1 000 pages *Flore vaudoise – Atlas des plantes vasculaires du canton de Vaud* vient d'être publié.

51_L'Auberge de la Croix Blanche

Napoléon y a petit-déjeuné

Prendre un petit noir là où Napoléon a bu le café et discuté géostratégie, ça vous tente ? Si la réponse est oui, visitez l'Auberge de la Croix Blanche. Grâce à un témoin qui allait sur ses 15 ans, nous en savons un peu plus sur cette matinée du 23 novembre 1797. Johann Ludwig Wurstemberger avait accompagné son père, un colonel bernois chargé d'escorter Napoléon durant la traversée de son canton. Cinquante ans plus tard, après une carrière de colonel, comme son géniteur, et de député cantonal, il consigna par écrit le récit de ces événements.

Bonaparte avait à peine 28 ans et venait de contraindre les Autrichiens à signer le traité de Campo-Formio. Il traversait la Suisse avec son entourage pour rejoindre le congrès de Rastatt, qui devait mettre un terme à la guerre d'Allemagne. Après un passage par Genève et Lausanne, Napoléon arriva à Domdidier entre 7 et 8 heures ce 23 novembre, lors d'une fraîche journée d'automne. Accompagné des officiers supérieurs Marmont et Junot, ses adjudants, il descendit de sa calèche et franchit la porte de l'auberge. Pour se réchauffer, il plaça une mauvaise chaise devant le feu et s'assit en allongeant les jambes. Les flammes étaient si vives que les aubergistes devaient passer des torchons mouillés sur le manteau de la cheminée. Sur les braises étaient placés une grosse cafetière et un poêlon cuisant des œufs. Le repas fut alors servi dans la salle d'auberge, au cours duquel une carte fut déployée. Pointant le Fricktal, une région au bord du Rhin rattachée aujourd'hui au canton d'Argovie, Napoléon déclara qu'elle serait donnée à la Suisse contre la promesse de défendre les ponts du fleuve à la frontière allemande.

Tout alla ensuite très vite : 2 mois après le passage de Napoléon à Domdidier, les troupes françaises occupèrent le canton de Berne sur appel des Vaudois, puis l'ensemble de la Suisse. Réalisant le plan présenté par Napoléon à Domdidier, un canton du Fricktal fut créé en 1802.

Adresse Rue Centrale 1, 1564 Domdidier | **Accès** Prendre l'A1, sortie Avenches | **Transports en commun** Bus TPF 544, arrêt Domdidier – Gare. À la belle saison, bateau de Neuchatel jusqu'à Portalban, puis bus TPF 544 | **À savoir** Le restaurant actuel propose des spécialités italiennes. D'ailleurs, le tenancier est originaire d'une ville située à une trentaine de kilomètres de Campo-Formio (aujourd'hui Campoformido).

52 Les fresques médiévales

Sauvées dans un élan de ferveur populaire

En 1924, à l'occasion de la réouverture du temple d'Engollon, la *Feuille d'avis de Neuchâtel*, le journal local (aujourd'hui *Arcinfo*), relata la « grosse émotion » ressentie le 20 juin 1923 au cours des travaux. En grattant les murs du chœur de l'église, les restaurateurs tombèrent sur des fragments de fresques, alors que l'opération visait, en premier lieu, à rafraîchir et sécuriser l'édifice. Le journal indiquait que le jour de la Saint-Sylvestre de l'année précédente « on vit la galerie ployer sous le poids des fidèles ». L'émotion ne fut pourtant pas celle de la découverte historique, précisait le journaliste, mais celle liée à la crainte de désormais dépasser le budget de rénovation. La fresque fut finalement sauvée grâce à l'organisation d'une tombola supplémentaire : dans un élan de ferveur populaire, 8 000 tickets furent vendus, le double de ce qui avait été escompté !

La présence de peintures sur ces murs tient à l'importance de l'église Saint-Pierre d'Engollon, qui avait été choisie au XIIe siècle comme lieu de sépulture de Guillaume d'Aarberg-Valangin et de son épouse. Les fresques ont été réalisées en deux phases au XIVe siècle. Le deuxième décor a été élaboré par un artiste de formation alémanique et peut être comparé à des narratifs que l'on retrouve dans des églises de l'Oberland bernois, du nord de la Suisse ou des Grisons.

En 1923, environ 35 % des fresques originelles ont été mises au jour. C'est le peintre Alfred Blailé qui fut chargé de les restaurer. Les tableaux manquants, principalement sur le côté sud, ont été remplacés par des peintures décoratives dessinées par Blailé, dont les adaptations ont été reprises lors d'une nouvelle rénovation en 2006. On suit le récit en commençant par la partie supérieure du côté nord avec l'enfance du Christ. Dans la partie inférieure est représentée la Passion. Plusieurs scènes de la Résurrection sont enfin peintes sur le fond du chœur, alors qu'un Christ en majesté orne la voûte.

Adresse Rue de l'Église, 2063 Engollon | **Accès** Depuis Neuchâtel, prendre la semi-autoroute en direction de La Chaux-de-Fonds, suivre Valangin, puis prendre à droite à la sortie du village | **Transports en commun** Bus TransN 422, arrêt Cernier–Centre, puis bus 423, arrêt Engollon–Village | **À savoir** Les fresques représentent le plus important décor médiéval préservé dans le canton de Neuchâtel.

53 Le blason d'Humbert

Des croissants musulmans sur l'étendard d'un croisé

Dans l'église des Dominicaines, un blason intrigue. Non pas le fond aux couleurs de la maison de Savoie, qui régna ici comme sur d'autres seigneuries dans la région, mais la présence de croissants inversés. Se trouverait-on devant des symboles musulmans au milieu d'une église chrétienne ?

Les armes en question sont celles d'Humbert le Bâtard, fils certes illégitime, mais qui grandit et fut éduqué à la cour de Savoie, et qui choisit d'être inhumé dans cette église. En 1396, à 19 ans, il répondit à l'appel du roi de Hongrie et participa aux croisades. L'historien Adrien de Riedmatten explique qu'il cherchait « le baptême du feu pour voir définitivement absoute la tache originelle, héritage fatal des passions paternelles ». Il partit pour Buda (aujourd'hui Budapest) et rejoignit les compagnons du jeune comte de Nevers. La suite est connue : refusant le conseil du maréchal de Hongrie d'attendre des renforts allemands et hongrois, le comte de Nevers se lança tête baissée dans la bataille. S'ensuivit l'une des plus retentissantes défaites de la chrétienté à la bataille de Nicopolis (ville sur le Danube à la frontière bulgaro-roumaine).

Se pose alors la question du choix des croissants pour les armoiries d'Humbert. Tout d'abord, il s'agit de noter qu'en raison de l'année de publication du blason dans un armorial, les historiens sont majoritairement d'avis qu'Humbert avait pris cette décision avant son départ en croisade. Était-ce alors par insouciance de jeunesse ou pour montrer, selon les termes de l'archiviste et historien savoyard Max Bruchet, qu'il voulait « aller planter fièrement la croix blanche à travers les croissants de l'Islam » ? La défaite et les 6 années d'emprisonnement chez les Turcs ne semblent en tout cas pas avoir troublé sa sérénité vis-à-vis de la religion musulmane. À son retour, il choisit la devise peu commune dans la langue de ses adversaires : *ala hac*, « Dieu est juste », gravée pour la première fois sur son sceau en 1409.

Adresse Église des Dominicaines, Grand-Rue 3, 1370 Estavayer-le-Lac | Transports en commun Arrêt CFF Estavayer-le-Lac. Continuer à pied (10 min) | À savoir Les sœurs dominicaines accueillent le public pour des retraites et vendent des produits cosmétiques préparés au couvent dans une boutique attenante à l'église.

54_La roseraie

Une longue histoire d'amour

Tous les 2 ans, depuis 2013, se tient à Estavayer le Festival des roses. Dans les rues, de grands massifs sont installés par des paysagistes, horticulteurs ou fleuristes de la région. Des produits dérivés des essences de fleurs sont proposés sur des stands, dont celui des sœurs dominicaines de la ville. Comme le cœur de la cité est un peu perché, un petit train touristique mène jusqu'aux rives du lac où l'on peut découvrir toute l'année de nombreux massifs de roses, avec des panneaux explicatifs sur les variétés, ainsi qu'une voûte fleurie. Un endroit idéal pour prendre des photos, avec le château ou la collégiale en arrière-plan.

Le lien d'Estavayer avec la rose s'est bâti en deux temps. La plus ancienne association de la ville avec cette fleur date du Moyen Âge. Dès le XIIIe siècle, les seigneurs d'Estavayer ont choisi la rose (seule ou par trois) pour orner leurs sceaux. D'abord en concurrence avec le brochet, un poisson du lac, ces fleurs se sont imposées pour représenter la cité sans que l'on en connaisse la vraie raison. Depuis lors, la collégiale Saint-Laurent a été décorée en maints endroits de ce nouveau symbole : dans la nef, la clef de voûte ou entre les fauteuils en bois des célébrants dans le chœur. L'hôtel de ville, la Grenette, l'ancienne école ou la poste... tous arborent également une rose sur leurs façades.

La deuxième phase a commencé, elle, en 1992 : cette année-là, la Société romande des amis des roses et de l'horticulture a offert à la ville la roseraie du bord du lac. En 2005, à la suite de l'accession de l'ancienne syndique Thérèse Meyer à la présidence du Conseil national, le parc a pris le nom de la politicienne. À cette même occasion, Richard Huber, un obtenteur – c'est-à-dire un créateur de nouvelles roses par hybridation – créa une nouvelle variété au nom de Thérèse Meyer. Le monument emblématique d'Estavayer, le château de Chenaux, a quant à lui inspiré il y a 2 ans un autre créateur floral, Alain Meilland, pour une nouvelle rose blanche.

Adresse Route de la Plage, 1470 Estavayer-le-Lac | Transports en commun Arrêt CFF Estavayer-le-Lac. En période touristique, un petit train mène les visiteurs jusqu'à la Nouvelle Plage, à 5 minutes de la roseraie | À savoir Plus de 4 000 plants de roses embellissent la cité chaque année.

55 La tour de la Trahison

Lieu symbole d'une vraie douleur

En 1994, la prise d'Estavayer de 1475 fut rejouée dans les rues de la ville au cours d'un événement-spectacle rassemblant 600 acteurs recrutés sur place. L'un des lieux repris pour le décor fut la tour de la Vigie, appelée également « tour de la Trahison », une petite construction de pierre située sur l'ancien mur d'enceinte à l'ouest de la ville.

Au XVe siècle, la cité d'Estavayer dépendait de la maison de Savoie, qui s'était rangée aux côtés du duc de Bourgogne dans le conflit qui l'opposait aux Alsaciens. Les Confédérés suisses s'allièrent à ces derniers. Après la bataille de Grandson, les villes de Morat, Avenches et Payerne se rendirent aux troupes suisses, tandis qu'Estavayer fit la sourde oreille et se prépara à la guerre. Le nom du spectacle, *Pierres de sang*, indique la suite des événements : une véritable Bérézina pour la cité. Le 27 octobre 1475, 6 000 Bernois et 300 Fribourgeois encerclèrent la ville. Finalement, c'est une erreur humaine qui entraîna sa perte, racontée par les chroniqueurs de l'époque : alors que les alliés de Cudrefin et Nyon étaient venus prêter main-forte aux Staviacois (le nom des habitants d'Estavayer), ils furent pris de panique à la vue des nombreux attaquants. Ils fuirent de l'enceinte à l'aide de cordes de tissu qu'ils laissèrent suspendues : une aubaine pour les Confédérés qui escaladèrent ces échelles improvisées et pénétrèrent dans la cité.

Si le chroniqueur bernois Diebold Schilling ne localise pas précisément l'endroit de la brèche, une jolie illustration colorée de rouge, bleu et vert représentant l'épisode des cordes évoque en plusieurs aspects l'emplacement de l'échauguette, appelée désormais « tour de la Trahison ». Cette image pourrait avoir inspiré les historiens locaux qui, depuis le XIXe siècle, localisent l'événement ici. Selon des recherches publiées en 2020, il n'y avait pourtant à l'époque qu'une guérite en bois. Si le lieu n'est pas authentique, le souvenir de ce carnage, lui, reste encore bien vivant dans la mémoire staviacoise.

Adresse Rue du Cimetière, 1470 Estavayer-le-Lac | Accès Arrêt CFF Estavayer-le-Lac. Continuer à pied en direction du centre. La tour se trouve à côté de l'entrée du cimetière (10 min) | À savoir Le sentier des Dominicaines, à proximité, permet de découvrir d'autres constructions de l'ancienne enceinte (la tour de Lombardy, la tour-porte des Dominicaines…).

56 Althuus

La ferme bernoise au superlatif

Le musée paysan de Ferenbalm est un endroit magique où le temps n'a pas d'emprise. Tout y est agencé comme si la famille qui occupait cette ferme de 1703 pouvait revenir à chaque instant. Permettez tout d'abord les présentations : Jakob et Elsi, les parents, la tante Kläri, le grand-père Peter, les filles Stini, Rösi, Meieli, ainsi que les domestiques. Tout au long de la visite, vous les retrouverez sous les traits de mannequins. Dans une brochure que vous trouverez à l'entrée ou sur internet, ils vous racontent leur vie paysanne d'il y a 150 ans.

Après la pièce commune, vous pénétrerez dans la cuisine où trône une imposante cheminée, puis vous découvrirez les chambres à coucher à l'étage. Le tour continue par l'immense espace qui était utilisé pour entreposer le foin, la paille et les gerbes de céréales avant battage. Il sert aujourd'hui d'espace pour des expositions temporaires et pour la présentation d'outils historiques. En levant les yeux, on découvre l'imposante ossature du toit avec des poutres équarries de 12 mètres de longueur. À l'origine, la structure a été assemblée à terre, puis élevée. Une opération à laquelle tout le village participait, avec à la clef la fête du levage qui célébrait l'achèvement de la charpente. Les immenses pans du toit, qui vont presque toucher le sol, étaient autrefois recouverts de paille – ce sont aujourd'hui des bardeaux.

Sur le côté opposé à l'entrée principale, une belle inscription gothique orne le linteau sur toute la longueur de la ferme. Le passage central des sept strophes contient une supplique au Tout-Puissant : « Que Dieu soit clément et préserve cette maison du mal et de tout danger. » En face se trouve le grenier, séparé de la ferme par souci de protection contre les incendies. C'est ici que l'on séchait et stockait les provisions, et conservait tous les habits et documents de valeur. Des serrures à haute complication protégeaient les trésors afin que Jakob, Elsi et toute la famille puissent dormir en toute quiétude.

Adresse Jerisberghof, 3206 Ferenbalm, www.bauernmuseum.ch | Accès Depuis Chiètres, prendre la route en direction de Berne. À la sortie de Gurbrü, sur la droite, suivre le panneau « Museum ». Un parking se trouve à 60 mètres du musée | Transports en commun Arrêt CFF Gümmenen, puis car postal 551, arrêt Ferenbalm-Jerisberghof | Horaires d'ouverture De mars à octobre, tous les jours de 9 h à 18 h ; de novembre à février, le samedi et le dimanche de 9 h à 18 h | À savoir Promenez-vous dans le hameau de Jerisberghof, vous découvrirez d'autres très jolies maisons et fermes typiquement bernoises du XIXe siècle.

57 Les tresses artisanales

Un pain du dimanche ancestral

À l'occasion des *Backtage*, les journées du pain artisanal, la maisonnette protégeant le four banal de Fräschels devient une fourmilière. Une quinzaine de dames, membres de l'Association des femmes rurales, viennent dès 7 heures du matin – la préposée au four est présente à partir de 5 h 45 ! – pour y préparer les fameuses tresses artisanales. Le programme des deux journées est planifié comme une opération d'état-major, avec une répartition des tâches entre les différents membres (pétrissage, tressage, cuisson et vente). Le week-end de ma visite, près de 120 kilogrammes de pâte furent cuits ! Les pains sont proposés à la vente dès 9 h 30. Les clients viennent par petits groupes. Même si chaque tresse est consciencieusement brossée, la cuisson ancestrale au feu de bois laisse naturellement quelques traces – un jeune garçon s'est même étonné que le dessous du pain acheté par sa maman présente encore quelques restes de cendres ! La senteur particulière de la fumée embaumera également agréablement votre panier de pain.

La tradition de la tresse a des origines bernoises. La plus ancienne mention remonte à 1430 : initialement, il s'agissait d'un pain cuit pour des occasions particulières, comme la fête de Noël. En effet, les ingrédients utilisés, comme le beurre et la farine blanche, étaient très chers. Du lait, de l'eau, du sucre y sont également ajoutés ; à Fräschels, on se contente d'un minimum de levure, ce qui rend le pain final assez compact.

La tradition des fours banaux est encore bien vivante dans la région entourant les lacs de Neuchâtel, Bienne et Morat. Environ 80 foyers sont préservés et gérés soit par les communes, soit par des coopératives. À Fräschels, les chambres à feu datent de la deuxième moitié du XIXe siècle et représentent, selon un livre consacré aux fours du pays des Trois-Lacs, « la fierté du village ». La tradition dans la région est encore bien plus ancienne : les restes d'un pain vieux de 5 700 ans ont été retrouvés.

Adresse Four banal, Hauptstrasse 51a, 3284 Fräschels | Accès De Neuchâtel, prendre la direction de Berne et suivre Anet/Ins, Chiètres/Kerzers, puis Lyss | Transports en commun RER S35, arrêt Fräschels | À savoir Les dates des *Backtage*, organisés dans plusieurs villages de la région, peuvent souvent être trouvées sur internet. L'Association des femmes rurales de Fräschels cuit au four banal tresses, pains et gâteaux au sel en automne et au printemps (dates et renseignements : annette.schwab@hispeed.ch).

58 Les roselières

Un chemin sur ponton immersif

Si vous n'avez qu'une petite demi-heure et que vous désirez vous imprégner de l'ambiance d'une roselière de la Grande Cariçaie, le sentier du port de Gletterens est certainement le bon endroit. Les pontons installés, la belle plage et le joli port vous donneront une impression d'immersion quasi totale.

Les roselières sont emblématiques de la Grande Cariçaie, la réserve naturelle de la rive sud du lac. C'est ici que se trouve la plus grande surface roselière lacustre de Suisse, qui couvre environ 60 hectares. L'apparition de ces milieux fait suite aux deux corrections des eaux du Jura aux XIXe et XXe siècles. Les roseaux ont ensuite souffert de la baisse de la qualité des eaux dans les années d'après-guerre. Ils ont également été attaqués en certains endroits par l'érosion des vagues. Dans les années 90, l'installation de protections, sous forme de rangées de pieux par exemple, a permis d'endiguer ce phénomène. Sur les dernières décennies, la surface totale de roseaux lacustres est ainsi restée relativement stable.

Leur développement ne pose aucun problème aux rives, au contraire, ils sont une protection naturelle contre l'érosion. Depuis que la région est devenue une réserve, les roseaux font cependant l'objet de soins particuliers sur les plans d'eau intérieurs pour éviter qu'ils ne deviennent nuisibles. Dans ces milieux, ils ont en effet tendance à envahir et assécher les marais, ce qui compromet le développement d'autres espèces qui y évoluent et qui sont souvent protégées. Ces surfaces sont alors « décapées », c'est-à-dire que 30 centimètres de roselière sont enlevés par une pelle mécanique. Ce nettoyage permet de créer des conditions idéales au développement d'une faune et d'une flore diversifiées. La roselière mettra alors une vingtaine d'années à revenir. S'ensuit alors un cycle évolutif « plan d'eau – roselière – plan d'eau – roselière » favorisant le développement des espèces que ces surfaces abritent.

Adresse Port, 1544 Gletterens | Accès De l'est, prendre l'A1, sortie Avenches et suivre Saint-Aubin, Vallon, puis Gletterens. De l'ouest, prendre l'A1, sortie Payerne et suivre Grandcour, puis Gletterens. Un parking (payant) se trouve devant le magasin Volg | Transports en commun Bus TPF 544, arrêt Gletterens–Lac | À savoir Le début de la boucle peut être rejoint en marchant en direction de la rive depuis le parking du magasin Volg.

59 Le village lacustre

La région a fait entrer « palafitte » dans le dictionnaire

Inspiré par des vestiges trouvés à 200 mètres du site – des pieux et des flèches –, un village lacustre a été reconstruit à Gletterens. De fait, l'ensemble du lac de Neuchâtel est riche en sites palafittiques, le nom donné à ces villages installés au bord de l'eau durant la période allant du Néolithique à l'âge du bronze. Treize sites sur son pourtour, dont celui de Gletterens, ont été inscrits au patrimoine mondial de l'UNESCO. À noter d'ailleurs que l'entrée du mot « palafitte » dans le dictionnaire français est à mettre sur le compte d'Édouard Desor, professeur de géologie à l'université de Neuchâtel au XIXe siècle, qui s'est inspiré de l'italien.

Les découvertes à Gletterens ont permis de décider de la surface et de l'orientation perpendiculaire des constructions par rapport au lac, mais plusieurs aménagements, comme la couverture des toits en roseaux, les cloisonnements à l'intérieur et les ouvertures des fenêtres, ont été extrapolés. Les trois maisons en torchis (béton naturel fait d'argile et de fibres naturelles mélangés à de l'eau), recouvertes de toits de joncs, permettent de se faire pourtant une idée approximative des habitations du bord du lac aux environs de 3 000 avant J.-C.

Pour rendre l'expérience encore plus réelle, des animations sont régulièrement organisées, en particulier durant les vacances scolaires. Il est ainsi possible de s'initier aux méthodes ancestrales d'allumage d'un feu et à des activités créatrices « de l'époque » : réaliser une bourse en cuir, un couteau à moissonner ou s'initier à la peinture préhistorique. Quant aux plus agiles, ils peuvent s'essayer au tir à la sagaie. Le site organise d'ailleurs régulièrement l'une des épreuves du championnat de tir préhistorique, qui attire près d'un millier de personnes venues de toute l'Europe. D'autres événements sont également organisés, et, pour ceux qui veulent pousser l'expérience un peu plus loin, il est possible, sur réservation, de dormir sur place dans un tipi.

Adresse Route des Grèves, 1544 Gletterens | **Accès** De l'est, prendre l'A1, sortie Avenches et suivre Saint-Aubin, Vallon, puis Gletterens. De l'ouest, prendre l'A1, sortie Payerne et suivre Grandcour, puis Gletterens. Un parking payant se trouve devant le magasin Volg | **Transports en commun** Bus TPF 544/556, arrêt Gletterens – Village. Continuer à pied en suivant le panneau « Village lacustre » (20 min) | **À savoir** Le musée d'archéologie Laténium à Neuchâtel présente également des habitations lacustres reconstruites.

60__Le lavoir de Brénaz

Ancien lieu de vie du village

Par le passé, les lavoirs, comme les fours publics, permettaient non seulement de s'acquitter des tâches ménagères, mais servaient également de lieux de rencontres. Les rendez-vous des lavandières étaient cependant relativement espacés : en général, les femmes venaient trois à quatre fois par an pour le nettoyage, avec, à chaque fois, une grande quantité de linge que les familles entassaient sur des chariots.

Le lavoir de Brénaz, du nom de la petite rivière qui alimente le bassin, est l'un des plus anciens lieux de ce type attestés dans la région – sa première mention dans les comptes communaux date de 1688. Auparavant, le site était déjà utilisé pour le lavage dans la rivière. Avec la construction du bassin, 12 lavandières purent prendre place simultanément. Par la suite, les lavoirs se multiplièrent dans les environs, les communes ayant le souci de séparer les fontaines utilisées pour l'eau potable et les lieux réservés au nettoyage. Les habits sales étaient alors placés sur une planche ou une dalle de pierre et frottés avec de la cendre. Ensuite, ils étaient rincés et étendus à l'air libre. Plus tard, des chaudières, sortes de seaux en fer galvanisé que l'on posait sur du feu, furent utilisées. Tout changea cependant après 1894 – la raison se devine aisément en lisant les vers rédigés par les enfants de Gorgier pour une grande fête villageoise : « Le progrès enfin de nous s'approche. Eh bien, changeons donc l'ancien mode, le robinet c'est plus commode ! », déclamèrent-ils pour fêter l'arrivée de l'eau courante au village, avec la construction du réservoir des Vignettes.

Le lavoir de Brénaz perdit ainsi sa fonction et le site tomba en décrépitude, jusqu'à une belle rénovation en 1986, qui permit de mettre en valeur le couvert en chêne de l'édifice et le bassin en pierre. Avec l'installation d'une table de pique-nique devant l'édicule, le lieu est redevenu, d'une autre manière, un lieu favorisant rencontres et discussions.

Adresse Route du Château, 2023 Gorgier | **Accès** Depuis la route cantonale 5, à hauteur de la fabrique d'horlogerie Le Castel, prendre la rue de Combamare. Suivre la rue du Centre, puis la rue du Château en direction de Bevaix. Le lavoir se trouve sur la gauche | **Transports en commun** Arrêt CFF Gorgier–Saint-Aubin. Continuer à pied en rejoignant la rue de Combamare, à l'est de la gare, puis marcher 15 minutes | **À savoir** Depuis la route qui borde le lavoir, on aperçoit le château de Gorgier, aux atours enchanteurs. La propriété est privée et ne se visite pas.

61 La rizière du Vully

La biodiversité s'y donne en spectacle

En ce début de mois de septembre, les champs de riz plantés près de La Sauge présentent de belles couleurs mélangeant le vert et le doré. Coiffant les plantes, les panicules laissent déjà apercevoir les graines qui seront récoltées dès la fin du mois. Ici, le spectacle commence déjà à la mi-mars. Les champs y sont alors inondés, 2 mois environ avant l'installation des plants. Ces surfaces attirent alors les oiseaux limicoles, ces élégants volatiles qui vivent sur les vasières, tels que le chevalier sylvain ou le vanneau huppé, reconnaissable à sa longue huppe noire effilée.

En arrivant près des champs, les grenouilles s'élancent comme pour vous faire de la place. Au printemps, durant la période de reproduction, elles vous accueillent en coassant. D'autres pensionnaires virevoltent seuls ou en couple sur le champ de riz : il s'agit des libellules qui, ici, comme le long de la Grande Cariçaie, surprennent par leurs ballets et leurs couleurs. Avec une telle diversité de la faune et de la flore, les quelques rizières apparues en Suisse au cours de ces dernières années sont présentées comme des lieux favorisant la biodiversité. Elles participent également à réduire la pollution en diminuant les distances de transport d'un aliment de base.

La culture de riz au Vully s'est faite un peu par hasard. Léandre Guillod, qui a lancé le projet avec son frère Maxime, explique qu'ils ont été consultés en tant que spécialistes du nivelage agricole (amélioration du relief pour éviter l'accumulation d'eau) dans le cadre de l'aménagement d'une rizière près de Bienne. Ils ont pris le virus et, après avoir commencé avec 3 000 mètres carrés en 2019 sur les terres familiales dévolues à la culture de mâche (appelée ici doucette), ils en cultivent aujourd'hui 6 hectares. Leur riz est proposé à la fin de l'automne lors d'une grande vente à la ferme, ainsi que dans plusieurs petites épiceries de la région. En apprêtant les grains en risotto, vous découvrirez de belles saveurs d'un riz nourrissant semi-complet.

Adresse Rue de La Sauge 230, 1789 Joressens, info@rizduvully.ch, www.rizduvully.ch | Accès Prendre l'A1, sortie Avenches et suivre Cudrefin, puis Anet/Ins. À La Sauge, prendre à droite, un panneau « Riz du Vully » est planté dans les rizières | Transports en commun Car postal 535, arrêt Cudrefin–La-Sauge. Continuer à pied (10 min) | À savoir Pour être informé des événements et visites ainsi que des points de vente, consultez le site internet ou prenez contact par courriel.

62 Les murs en pierre sèche

Inscrits sur la liste du patrimoine de l'UNESCO

Dans les forêts du Jura, qui apparaissent à quelques kilomètres à vol d'oiseau de la rive nord du lac, de longs murs en pierre sèche bordent les pâturages en de nombreux endroits. En 2018, ces constructions – et celles de sept autres pays européens – ont été inscrites sur la liste du patrimoine culturel immatériel de l'humanité par l'UNESCO. Durant la procédure de consultation de l'organisme culturel onusien, le canton de Neuchâtel a apporté son soutien écrit. Le conservateur de l'office du patrimoine y soulignait l'importance de la construction en pierre sèche dans la région, liée à un savoir-faire et à un mode de vie pastoral.

De tels murs peuvent également être observés plus près du lac, dans les vignes, mais ce sont principalement deux régions du Jura neuchâtelois qui ont fait l'objet de rénovations d'importance à deux périodes distinctes. Dans les années 70, un énorme chantier a été déployé pour remonter le mur d'environ 1,5 kilomètre bordant la falaise du cirque rocheux du Creux-du-Van. Ensuite, entre 2014 et 2017, c'est 1,2 kilomètre qui a été restauré à l'initiative du parc Chasseral et avec le soutien du Fonds suisse pour le paysage. Quatre tronçons ont été remontés entre Les Vieux-Prés et la Vue-des-Alpes, le plus beau segment se trouvant à mi-chemin, juste après le lieu-dit La Biche. À côté de murs anciens, que l'on reconnaît à leurs couvertures de mousse, on observe des segments plus récents enserrant le chemin au milieu d'une végétation luxuriante.

Si une dizaine de kilomètres séparent les deux projets des Vieux-Prés et du Creux-du-Van, un point les réunit : l'engagement d'aide-muretiers dans le cadre d'un service civil ou d'intégration. Si dans les années 70, des étrangers refusant de servir dans l'armée venaient ici en service de remplacement, ce sont aujourd'hui des bénévoles, des personnes placées en institution ou en recherche d'emploi, ainsi que des requérants d'asile, qui viennent prêter main-forte.

Adresse Près La Biche, 2054 Les Vieux-Prés | Accès Depuis Neuchâtel, pendre la semi-autoroute en direction de La Chaux-de-Fonds, sortie Boudevilliers et suivre Chézard, puis Les Vieux-Prés. Suivre enfin la Vue-des-Alpes et, après 2 kilomètres, se garer et prendre le chemin pédestre à gauche | Transports en commun Bus TransN, arrêt Dombresson Temple. Continuer à pied pendant environ 2 heures par Les Planches, Les Vieux-Prés et La Biche | À savoir Le parcours à pied de Dombresson à la Vue-des-Alpes, qui passe devant les murs rénovés, a été baptisé « chemin des Pionniers ». Le tracé peut être consulté sur le site du parc Chasseral.

63_Henripolis

Crépuscule d'une ville modèle

Une simple promenade sur le môle sud de la Thielle, bordé par les premières roselières de la réserve du Fanel, est un pur régal. Le coup d'œil sur l'autre côté de la rivière aurait pourtant été bien différent si le projet de ville modèle baptisé « Henripolis » avait abouti.

Rembobinons le film : dès son plus jeune âge, Henri II d'Orléans-Longueville, prince de Neuchâtel, a maille à partir avec les bourgeois de la ville capitale. Âgé de 30 ans, il soutenait un projet de ville modèle à l'embouchure de la Thielle, qui aurait indéniablement fait concurrence à la ville de Neuchâtel. Des raisons commerciales parlaient pourtant en faveur de celui-ci : la guerre de Trente Ans, qui mettait l'Europe à feu et à sang, rendait difficiles les transports entre le Nord et le Sud. On discutait à l'époque de la construction du dernier maillon d'une liaison fluviale entre le Rhône et le Rhin ; un argument de taille pour l'installation d'un nouveau centre de commerce au bord de l'eau ! Les grandes libertés commerciales et religieuses étaient autant de promesses alléchantes pour les personnes intéressées à s'y établir. Les plans de la ville, aussi, tapaient dans l'œil : dans un périmètre en demi-cercle, les bâtiments auraient bordé des rues parallèles et perpendiculaires. Suivant une symétrie presque parfaite, les édifices publics se seraient répartis sur un carré décalé, le centre administratif constitué du Sénat et de l'arsenal occupant le centre.

Le prince désirant gagner de l'argent avec le projet plutôt qu'en investir, il s'appuya totalement sur les deux promoteurs initiaux du plan, Boniface Iselin et Caspar Scherer, des Suisses alémaniques agissant pour le compte de marchands du Nord. Ces deux agents traînaient pourtant derrière eux des réputations sulfureuses : Scherer venait de sortir d'une longue peine de prison… pour dettes ! La rumeur d'une arnaque se répandit auprès des investisseurs potentiels et, ajoutée aux oppositions des bourgeois des villes voisines, fit capoter définitivement la proposition.

Adresse Môle de la Thielle, 2074 Marin-Epagnier | **Accès** Prendre l'A5, sortie Pont-de-Thielle et suivre Rothaus, puis longer la Thielle | **Transports en commun** Arrêt CFF Gals–Pont-de-Thielle. Continuer à pied en longeant la Thielle (10 min) | **À savoir** Plus de 500 documents, dont de très beaux plans du projet, sont conservés aux archives de l'État de Neuchâtel.

64 La Tène

Nom d'une civilisation !

Il aurait pu en être autrement. Si le nom de la plage de La Tène, située à 8 kilomètres à l'est de Neuchâtel, est aujourd'hui connu, cela tient principalement au fait qu'il a été utilisé pour désigner la deuxième période de l'âge du fer. En effet, à partir de 1857 ont été découverts ici plus de 2 500 objets préhistoriques (épées, fers de lance, haches, roues…). Si l'importance du site n'a jamais été remise en question, l'utilisation de son nom pour indiquer la période comprise entre 400 et 25 avant J.-C. a été disputée.

C'est un archéologue suédois, Hans Hildebrand, qui est à l'origine de l'expression « civilisation de La Tène ». Le compte-rendu du congrès international d'archéologie préhistorique de Stockholm de 1874, dont il était le secrétaire général, cite l'un de ses discours : pour désigner les périodes de l'âge du fer, il avait repris le nom de « deux grandes localités de trouvailles, le groupe de Hallstatt et celui de La Tène ». Ce point ne fit ensuite l'objet d'aucune discussion, ce qui pouvait être considéré comme un adoubement. Dans la salle, pourtant, l'archéologue français Gabriel de Mortillet aurait été bien placé pour s'y opposer : lui-même utilisait déjà pour cette période la désignation de « Marnéen », en référence à des sites champenois. Durant plusieurs années, les archéologues continuèrent d'employer soit l'un, soit l'autre nom.

Pourtant, en 1885, Otto Fischler, conservateur du musée de Königsberg, trancha définitivement la question. Dans un mémoire qui eut un grand retentissement au sein de la communauté scientifique, il soutint non seulement la classification d'Hildebrand, mais il affina encore son analyse en subdivisant la civilisation de La Tène en trois sous-périodes : La Tène ancienne, La Tène moyenne, La Tène récente. Depuis lors, cette désignation n'a plus jamais été contestée, et, lorsque fut construit un nouveau musée d'archéologie à une encablure du site, il fut tout naturellement baptisé « Laténium ».

Adresse Chemin de La-Tène, 2074 Marin-Epagnier | Accès Prendre l'A5, sortie Marin et suivre le panneau brun « La Tène » | Transports en commun RER S5 et S20, arrêt Marin-Epagnier | À savoir Depuis le Restaurant de La Tène, longez la rive du lac en direction du canal de la Thielle sur environ 50 mètres : un panneau détaille l'emplacement des fouilles.

65_La Cabane Perrenoud

Là-haut sur la montagne…

Dans le livre de chant des élèves de cinquième année, *Le Vieux Chalet* figure dans la section des mélodies patriotiques, à proximité de l'hymne national. L'air fait en quelque sorte partie du patrimoine musical romand. « Là-haut sur la montagne, l'était un vieux chalet » : en arrivant à la Cabane Perrenoud, on pense immanquablement à cette chanson. D'ici, le panorama d'est en ouest est époustouflant : les montagnes s'égrènent des Churfirsten en passant par les Bernoises (Eiger, Mönch, Jungfrau), le Grand Muveran, le mont Blanc jusqu'au Salève. Les nappes de brume ne viennent heureusement pratiquement jamais gâcher le spectacle, puisqu'elles restent confinées au pied du Jura.

À cet endroit prédestiné à la construction d'un chalet, éloigné d'une trentaine de minutes à pied du mythique cirque rocheux du Creux-du-Van, une parcelle a été dénichée en 1919 par la section locale du Club alpin suisse. Un legs inespéré de 10 000 francs (l'équivalent de 50 000 francs d'aujourd'hui) d'une célibataire, issue d'une famille de négociants, du nom de Laure Perrenoud, permit de conclure l'affaire. À l'origine, ce furent les skieurs de fond du club qui demandèrent un chalet. À ce groupe se sont ajoutés randonneurs et cyclistes qui viennent désormais arpenter les crêtes du Jura. Les lève-tôt peuvent y observer des bouquetins et des chamois. On y fait également de belles découvertes floristiques : gentianes bleues, orchidées, anémones de montagne…

Depuis plus d'un siècle, la cabane est devenue le point de départ ou de passage pour de belles excursions. À l'approche du centenaire, une rénovation était pourtant devenue nécessaire. Entre 2020 et 2021, le chalet a été entièrement refait. L'infrastructure a notamment été mise aux normes actuelles (sanitaires, dortoirs, cuisine, panneaux solaires, poêle…), une annexe a été ajoutée au nord et l'intérieur en bois a été rafraîchi. Pas de doute, comme le dit la chanson dans sa strophe finale, le chalet rayonne aujourd'hui « plus beau qu'avant ».

Adresse Cabane Perrenoud, 2027 Montalchez, www.cas-neuchatel.ch/cabanes/cabane-perrenoud | **Accès** Prendre l'A5, sortie Saint-Aubin. Au centre de Montalchez, prendre à droite en direction du Creux-du-Van | **Transports en commun** Car postal 640, arrêt Montalchez – Centre-du-Village. Continuer à pied (2 h 30) | **Horaires d'ouverture** La cabane est généralement gardiennée durant les week-ends (réservation obligatoire quelques jours à l'avance à perrenoud@cas-neuchatel.ch) | **À savoir** La cabane se trouve sur le circuit des pistes de ski de fond (www.neuchatelskidefond.ch).

66 La Lamberta

Un labyrinthe de la Première Guerre mondiale

Ce vestige de la Première Guerre mondiale a de quoi impressionner : sur le flanc sud du mont Vully ont été creusées à main d'homme des galeries d'une longueur de 200 mètres. Aujourd'hui, elles sont encore bien préservées. Une garnison de 110 hommes équipée de 8 mitrailleuses pouvait y être installée. Plusieurs orifices supplémentaires permettaient d'observer le secteur, qui n'était alors pas boisé.

Cet ouvrage fut construit entre 1916 et 1917. À ce stade de la guerre, l'état-major suisse craignait une nouvelle invasion française par l'ouest, comme cela fut le cas en 1798. Il s'agissait donc de verrouiller la ligne canal de la Thielle–mont Vully–Morat–Laupen, le dispositif militaire étant quasiment déployé sur la ligne de séparation entre les régions alémanique et francophone. Le but premier était de protéger la capitale fédérale contre toute attaque de l'ouest. Plus tard, les travaux sur le site furent abandonnés à la suite du rapprochement entre la Suisse et la France. Plus de 200 positions pour mitrailleuses partiellement bétonnées avaient alors déjà été construites dans la région. À la fin de la guerre, de nombreuses fortifications furent détruites, et d'autres laissées à l'abandon. En 1939, après la défaite française, l'armée suisse décida de réactiver cette ligne de défense. La perspective d'une paix durable était dominante à la fin du premier conflit mondial, l'état-major ne possédait plus d'informations fiables sur ses installations et dut envoyer aux prémices de la Seconde Guerre mondiale des troupes de génie en reconnaissance. Les tranchées originales se révélèrent inadaptées à la nouvelle puissance de feu, mais certains abris furent réutilisés, car ils assuraient encore suffisamment de protection.

Aujourd'hui, ce lieu où veillaient des soldats par le passé est devenu un fantastique labyrinthe invitant grands et petits à des parties de cache-cache. Une seule contrainte « militaire » y est restée : celle de ne pas s'y amuser entre 22 heures et 7 heures du matin.

Adresse Grottes des Roches-Grises, 1789 Mont-Vully | Accès Depuis Lugnorre, prendre la direction de Mont-Vully, puis passer devant l'hôtel-restaurant Le Mont-Vully pour vous garer sur le parking des grottes. Prendre ensuite le chemin pédestre qui descend à côté de l'hôtel (10 min) | Transports en commun Bus TPF 530, arrêt Praz–Village. Continuer à pied jusqu'au restaurant Bel Air, puis tourner à droite jusqu'au parking communal et suivre l'indicateur « Roches-Grises » (25 min) | À savoir Une table pour pique-niquer et un foyer pour grillades sont disponibles sur place.

67 Le Palet tournant

L'antre du Diable

Près du sommet du mont Vully, une immense pierre de 230 mètres cubes pour un poids de 730 tonnes, à moitié enfoncée dans la terre, se tapit dans un écrin de verdure. La légende transmise par les gens du lieu a été retranscrite par Pierre Chessex dans un livre consacré aux « légendes et récits du pays broyard ». Directeur d'école, l'auteur était également le père de Jacques Chessex, écrivain romand ayant remporté le prix Goncourt en 1973.

Une explication au sujet du nom de l'endroit s'impose : le palet, c'est une pierre plate ou ronde utilisée comme projectile vers un but bien défini. Selon la légende, c'est Gargantua qui lança celle-ci après une petite mésaventure sur la colline : il s'était fait subtiliser des jambons qu'il avait sortis de sa besace durant une pause. Le voleur n'était autre que le Diable en personne, qui avait construit un réseau de galeries sous le mont Vully. La vengeance ne s'est pas fait attendre : depuis le mont Racine, une montagne de l'autre côté du lac, Gargantua propulsa à l'aide d'une fronde une pierre vers le repaire du scélérat. L'objet de sa vengeance atteignit son but et bloqua l'une des sorties secrètes du tunnel. Ne pouvant identifier précisément la menace, le Diable ressassa sa haine envers les hommes et fomenta le plan de les attirer vers sa grotte pour les anéantir. La pierre tombée sur sa cachette fut utilisée comme porte et devint un « palet tournant ». En une nuit, avec l'aide d'une armée d'ouvriers dévoués, il transforma la caverne en « un palais blanc à colonnade rose, merveilleux et ruisselant de lumière ».

Chaque jour, à minuit, la porte se refermait sur les pauvres victimes attirées par tant de merveilles. Lucas et Jeannette, un couple de jeunes amoureux, purent par bonheur échapper à la trappe. Alertés par leur récit, les habitants vinrent en procession avec le curé. Quand celui-ci toucha le palet avec la croix, Lucifer fut terrassé et ne réapparut plus jamais.

Adresse Chemin des Fontanettes, 1789 Mont-Vully | **Accès** Depuis Lugnorre, prendre la direction de Mont-Vully. Se garer au parking des Fontanettes | **Transports en commun** Bus TPF 530, arrêt Môtier – Village. Continuer à pied en prenant le sentier pédestre pour le mont Vully (60 min) | **À savoir** Le Palet tournant est également nommé « pierre Louis-Agassiz ». Les références à ce scientifique sont cependant critiquées : à la suite de recherches récentes, le dictionnaire historique suisse parle désormais dans sa biographie de son « racisme avéré ».

68 Le rempart celte

Un chantier titanesque pour l'époque

En se hissant sur la portion reconstruite d'un rempart celte, dont l'original de 600 mètres avait été bâti aux environs de 120 avant J.-C., on peut profiter d'une belle vue sur le flanc sud du mont Vully et sur le lac de Morat. À l'époque, il s'agissait d'avoir le plus de dégagement possible pour observer la zone. Aujourd'hui, en plus du panorama, on y découvre un projet architectural historique de grande envergure. Selon des estimations, entre 100 et 200 personnes ont travaillé sans interruption à la réfection du rempart durant une année.

Le site est communément appelé « l'oppidum celte », mais ce terme fait normalement référence à une ville fortifiée. Néanmoins, au mont Vully, aucune preuve d'un établissement permanent de ce type n'a pu être apportée – seules des traces d'occupation ponctuelle sur quelques générations furent découvertes. C'est la raison pour laquelle les vestiges de la vie quotidienne (céramique, petites agrafes en métal, monnaies) y sont très peu nombreux. La présence d'un espace dévolu à la frappe monétaire atteste cependant de sa fonction politique.

La technique utilisée pour la construction est bien spécifique à cette période, avec des poteaux frontaux en chêne espacés d'environ 3,5 mètres et des tronçons de murs en pierre sèche stabilisés par des poutres horizontales. La trace de cendres a permis de conclure à un incendie du site dans des circonstances non élucidées. Dans un premier temps, cet événement fut relié à l'émigration des Helvètes vers le sud en 58 avant J.-C., qui avaient préalablement mis le feu à leurs anciennes maisons. Pourtant, la datation de l'incendie diffère de plusieurs dizaines d'années. Le déplacement (postérieur) des Helvètes s'est par la suite soldé par un échec. Jules César les a vaincus à Bibracte et les a obligés à revenir sur leurs terres d'origine. Après ce retour, la fortification du mont Vully ne fut pas reconstruite, et l'occupation du site ne fut que sporadique et de peu d'importance – durant la période gallo-romaine notamment.

Adresse Chemin du Plan-Châtel, 1786 Mont-Vully | Accès Depuis Lugnorre, prendre la direction de Mont-Vully. Après l'hôtel-restaurant Le Mont-Vully, poursuivre sur 600 mètres, se garer, puis continuer sur 250 mètres | Transports en commun Bus TPF 530, arrêt Praz–Village. Continuer à pied jusqu'au restaurant Bel Air, puis tourner à droite jusqu'au parking communal et suivre l'indicateur en direction de Mont-Vully (40 min) | À savoir Le rempart se trouve sur le sentier historique du Vully, un circuit marqué de flèches ornées d'une tour médiévale (3 h de marche).

69 La tour de la Molière

Source intarissable de légendes

Dans son opuscule de 1910, *Notice sur la paroisse de Murist et la seigneurie de la Molière*, l'abbé Élie Bise, membre de la Société d'histoire et natif du lieu, raconte des histoires plutôt étonnantes au sujet de la tour de la Molière, donjon esseulé après la destruction de son château durant les guerres de Bourgogne. Dans le sous-chapitre intitulé « Le bonnet rouge et le trésor », il raconte qu'au nord-ouest de la tour se trouvait un puits, aujourd'hui comblé, qui cacherait une cloche en métal précieux. Le trésor serait gardé par « Messire Satan en personne, affublé d'un bonnet rouge, au travers duquel passent ses cornes hideuses ». L'ecclésiastique devait s'y connaître en matière de diable ! Il aurait même connu les noms des personnes qui auraient tenté de récupérer le trésor : le bonnet rouge à cornes menaçantes leur serait apparu et ils auraient pris leurs jambes à leur cou.

D'autres phénomènes surnaturels se produiraient également sur place : la tour s'illuminerait de flammes, comme si des petits lutins y dansaient une sarabande infernale. Cette fois-ci, l'abbé avance pourtant un raisonnement teinté de justifications scientifiques : il s'agirait de feux follets, c'est-à-dire de reflets à travers des branches balancées par le vent. Une troisième histoire met en scène Jaques de Pesmes, seigneur de la Molière en 1513. Chaque fois qu'il ressentait le froid au cours de ses chasses, il aurait éventré le premier fermier venu pour se chauffer les pieds dans les « entrailles palpitantes du malheureux esclave ». Depuis, sa fille Jeanne apparaîtrait au clair de lune sous les traits d'une « dame blanche », pleurant les crimes de son père.

Aujourd'hui, ce sont des lectures de contes, avec des histoires bien moins terrifiantes, qui sont organisées autour d'un feu devant le donjon. Il est vivement conseillé d'arriver un peu à l'avance pour monter sur la tour et admirer la très belle vue panoramique sur la plaine de la Broye, le Jura, les Alpes et le lac de Neuchâtel.

Adresse Tour de la Molière, 1489 Murist | Accès Depuis Yvonand, suivre Rovray, Chavannes-le-Chêne, Treytorrens, puis Murist. Depuis le centre du village, suivre les panneaux « La Molière », puis « Tour de la Molière » | Transports en commun Bus TPF 555, arrêt Murist–Village (en semaine). Continuer à pied en suivant l'indicateur pédestre jaune (30 min) | Horaires d'ouverture Tous les jours de 10 h à 18 h | À savoir Une fois sur place, il faut appeler le numéro de téléphone affiché sur la porte pour récupérer la clef de la tour.

70 L'ancien grand hôtel Bellevue

L'histoire du prince éthiopien qui défraya la chronique

Le prince Gugsa était le fils de l'oncle de Menelik II, le roi des rois d'Éthiopie. Par l'entremise d'Alfred Ilg, conseiller suisse de l'empereur, il fut envoyé pour faire ses études à Neuchâtel avec les dénommés Afwork, ancien page du souverain, et Chetaw, fils de l'intendant de la reine. Les trois compères étaient logés au grand hôtel Bellevue, qui vient d'être transformé en bâtiment locatif après avoir hébergé l'office des impôts.

En 1895, ce beau monde profitait de la quiétude de la Suisse alors que leur pays entamait sa onzième année de guerre contre l'Italie. Mais, le jour de la Saint-Sylvestre, la presse internationale, dont *Le Figaro*, relaya une information qui fit trembler : le prince aurait été enlevé par « un agent italien du nom de Migliorini » ! Interrogé par la *Gazette de Lausanne*, ce ressortissant lombard qui enseignait l'italien aux trois jeunes gens réfuta l'accusation, expliquant les avoir accompagnés à la gare selon leur volonté la veille de Noël. Petit à petit, la presse démêla le vrai du faux et le rapport annuel du département des Affaires étrangères apporta les dernières précisions : les trois Éthiopiens, vraisemblablement sous l'influence d'Afwork, qui avait étudié à Turin, avaient été séduits par la vie à l'occidentale et avaient décidé de passer à l'ennemi ! Ils avaient été recueillis par le gouvernement italien dans la foulée.

Quatre années plus tard, au décès du ras Ghergié, le père du prince Gugsa, Casimir Mondon, correspondant du journal *Le Temps*, devenu *Le Monde* après 1944, expliqua qu'il avait alors été chargé de traduire au ras la missive du gouvernement italien annonçant la défection du prince. Vraisemblablement choqué et dans le déni, le ras Ghergié aurait lancé : « Ce n'est pas mon fils qui a fait cela ! » Plus tard, remis de ses émotions, il promit à son ami français de pardonner à son benjamin. Pourtant, il ne revit plus jamais son fils, protégé par précaution par les Italiens des rigueurs de la loi éthiopienne vis-à-vis des traîtres.

Adresse Rue du Musée 1, 2000 Neuchâtel | Transports en commun Bus TransN 106/107/109, arrêt Neuchâtel–Saint-Honoré | À savoir L'hôtel Bellevue logea également Victor-Emmanuel III, alors prince de Naples, et qui devint plus tard roi d'Italie et… empereur d'Éthiopie, après le deuxième conflit et la victoire italienne de 1936.

71 Au Grain d'Orge

Les mousses locales ont un incroyable talent

Bernard Schneider, propriétaire du magasin de bière, whisky, rhum et absinthe Au Grain d'Orge, s'est prêté à l'exercice de nous présenter une sélection de brasseurs locaux implantés à proximité du lac de Neuchâtel. Les bières sélectionnées pour la photo sont toutes produites dans le canton de Neuchâtel. Depuis les années 90, l'engouement pour les mousses artisanales est national. La Suisse est le pays qui possède le plus grand nombre de fabricants de bières au monde par habitant. Contrairement à la partie alémanique, influencée par les breuvages d'outre-Rhin, les petits producteurs d'ici s'inspirent des traditions belges, à haute fermentation, ou britanniques, fortement houblonnées (India Pale Ale).

Chaque maître brasseur a son histoire : l'un est un artisan belge qui s'est installé en Suisse et y a créé sa propre mousse ; l'autre a eu l'idée de nouveaux breuvages lors d'un enterrement de vie de garçon ou d'un match de football, un dernier souhaitait profiter de la qualité de l'eau ou du froment local… À contre-courant des grandes marques mondialisées, les noms choisis se réfèrent souvent à la région, comme les Bières de Neuch, la Brasserie des 3 lacs (Neuchâtel, Bienne et Morat), La Vaudruzienne (habitante du Val-du-Ruz), La Vouivre (une légende locale)… Il y a ensuite les références personnelles (la Brasserie du Père Porret, nom choisi par un jeune père) ou des noms plus fantaisistes comme la Brasserie du Tonneau Joyeux ou Celestial.

Pour sélectionner votre mousse locale au mieux, Bernard Schneider conseille de débuter avec le type de bière que vous affectionnez et de sélectionner le brasseur qui vous intéresse. Ensuite vient le temps des comparaisons : en goûtant successivement des bières blondes commerciale et artisanale, la deuxième révèle plus de goût et de substance, et elle est nettement moins sucrée. On pourra également tester les subtiles variations des bières brunes locales, dont le goût dépend des houblons utilisés et des adjonctions (d'épices par exemple).

Adresse Rue des Moulins 11, 2000 Neuchâtel, www.augraindorgeneuchatel.ch | **Transports en commun** Bus TransN 106/107/109, arrêt Neuchâtel–Terreaux-Muséum. Continuer à pied (5 min) | **Horaires d'ouverture** Du mardi au jeudi de 16 h à 18 h 30, le vendredi de 11 h à 12 h et de 16 h à 18 h, le samedi de 10 h à 17 h | **À savoir** Le site de la dernière grande brasserie commerciale Müller de Neuchâtel héberge désormais la salle de concert baptisée La Case à Chocs.

72 Les cabanons de pêcheurs

Apéro terroir dans un décor d'art urbain

À l'origine, quelques cabanons de pêcheurs du port de Neuchâtel arboraient les couleurs des armoiries de la ville : des chevrons (des « V » inversés) rouges et blancs sur fond jaune. Sont ensuite apparues d'autres variantes, avec des triangles, des lignes ou d'autres coloris. En plus de leur fonction originelle de dépôt de matériel de pêche ou de navigation, les cabanons sont ainsi venus apporter une touche d'art urbain dans le port.

C'est Jonathan Perret qui a initié le mouvement conduisant aux rénovations. À quelques mètres de là, il tient le restaurant Le Bassin Bleu, nommé ainsi en l'honneur de la piscine à eau basse où les clients trempent leurs pieds lors des fortes chaleurs en sirotant leur boisson. Issu d'une famille qui louait un cabanon – ils sont mis à disposition par la ville contre paiement d'un loyer –, il a eu l'idée de retaper le petit bâtiment de 2 mètres carrés et d'y ouvrir « le plus petit bar du monde ». Avec son compère Lionel Ferchaud, brasseur de La Vouivre, ils ne disposent toutefois que d'une simple autorisation ponctuelle pour ce projet. Le *Guinness Book* n'a donc pas (encore) pu valider le record.

Lors de leurs démarches pour obtenir l'agrément de la ville, Jonathan et ses acolytes ont fondé une association encourageant les propriétaires des 48 autres cabanons à ouvrir ou à les mettre à disposition du comité. C'est ainsi que Morgane Mella et Aurélie Gauchat, amies d'enfance habituées à organiser des événements à thème, ont proposé leur concept de bar à jus de fruits locaux. Dans la cabane MoA, elles ont entre autres à la carte un limoncello préparé à Cressier à partir de citrons bios ou un jus de fraise du Seeland, la zone maraîchère voisine du lac. Quant au stand d'à côté, baptisé Le Naturiste, il offre des vins nature, préparés selon des normes encore plus strictes que les productions biologiques. Enfin, au gré des années, d'autres édicules ouvrent leurs fenêtres et proposent diverses spécialités locales.

Adresse Quai du Port, 2000 Neuchâtel | **Transports en commun** Bus TransN 106/107/109, arrêt Neuchâtel – Saint-Honoré | **Horaires d'ouverture** De juin à septembre (par beau temps), le jeudi de 17 h à 23 h, le vendredi et le samedi de 17 h à 1 h | **À savoir** Les gérants des bars-cabanons installent coussins, transats et parasols au bord de l'eau durant les heures d'ouverture.

73 Le complexe du Vieux-Châtel

Plus haut, plus grand, plus incroyable

Entre 1858 et 1860, l'architecte Guillaume Ritter a construit le plus grand massif locatif de Neuchâtel d'alors, composé de sept bâtiments de quatre étages d'une longueur totale de 84 mètres. Avec sa partie centrale en pierre d'Hauterive, l'ensemble, qui compte 28 appartements, est d'une belle élégance. Pourtant, plus que ce bâtiment, c'est l'un des autres projets de Ritter qui étonne le plus.

En préambule, il s'agit de rappeler que, bien que né à Neuchâtel – son père était d'origine alsacienne –, c'est à l'École centrale de Paris que Ritter a obtenu son diplôme d'ingénieur, en sortant premier de sa volée. Parmi ses autres réalisations célèbres, on compte l'église rouge de Neuchâtel ainsi que les systèmes d'alimentation en eau de Neuchâtel, La Chaux-de-Fonds et Avignon. Auréolé de ces succès, il soumit en 1887 au conseil municipal de Paris sa « proposition d'alimentation de cette capitale au moyen de la dérivation des eaux du lac de Neuchâtel ». L'argument premier pour ce projet était d'ordre sanitaire : les trois quarts de l'eau utilisée à Paris provenaient de la Seine, alors « chimiquement impure » selon lui, et souvent vecteur de maladie, dont la typhoïde. La capitale française venait d'ailleurs de connaître une grande épidémie.

Pour soulager les Parisiens, Ritter leur proposa « l'eau d'une excellente qualité » du lac de Neuchâtel, récepteur des eaux « de rivières alimentées par une partie des plus importants glaciers de la Suisse ». Son plan prévoyait de faire passer l'eau captée tout d'abord par un tunnel de 37 kilomètres à travers le Jura. Ensuite, l'or bleu se serait écoulé dans un aqueduc enterré sur la moitié de la distance à une altitude de 400 mètres environ jusqu'à la capitale française, située à environ 25 mètres au-dessus du niveau de la mer. Les parlementaires français engagèrent cependant d'autres grands travaux à cet effet, dont l'adduction de l'Avre – des eaux malpropres selon Ritter – et, plus tard, celle du Loing et de la Voulzie.

Adresse Rue de Vieux-Châtel 11-23, 2000 Neuchâtel | Accès De la gare de Neuchâtel, descendre à pied la ruelle Vaucher en direction du lac, puis prendre à gauche sur la rue de Vieux-Châtel | À savoir Le parc public du Vieux-Châtel, juste au-dessus des maisons historiques de Guillaume Ritter, a été primé par le journal d'architecture *Hochparterre*.

74 Evole 15

André Gide accepta ici le prix Nobel

« J'accepte le prix Nobel avec émotion, de la manière dont un enfant reçoit une récompense. » Ce 17 novembre 1947, au rez-de-chaussée du n° 15 de la rue de l'Evole, l'écrivain français André Gide, enfoncé dans une chaise capitonnée, lit pour la radio son message d'acceptation du prix Nobel. Cette annonce revêt une importance particulière, l'écrivain refusant en général honneurs et consécrations académiques par souci de liberté.

Aujourd'hui, ce salon, où se trouvaient alors les bureaux des Éditions Ides et Calendes, l'éditeur suisse de Gide, fait partie d'un élégant appartement privé, agencé de façon contemporaine. Fruit du hasard, à l'emplacement où l'écrivain a lu son texte se dresse une œuvre d'art – un faisceau de fils tressés gris retenus au sommet par un nœud – devant un canapé en alvéoles. À l'époque, une partie du rez-de-chaussée était déjà utilisée comme appartement par Richard Heyd, le directeur éditorial. Avec son ressenti de jeune enfant, le fils cadet de l'éditeur se souvient qu'il n'appréciait guère les visites de Gide, car il devait alors lui céder sa chambre avec vue sur le lac. Et le séjour de l'illustre hôte fut cette fois particulièrement long : arrivé fin octobre 1947 à Neuchâtel – son petit-fils Nicolas venait d'y naître –, il y resta jusqu'à fin février 1948.

Pour tuer le temps, relate l'écrivain Henri Guillemin, Gide écumait les cinq cinémas de la ville. Et, de génération en génération, a été transmise l'anecdote selon laquelle les émotions cinématographiques échauffaient à ce point l'écrivain qu'il n'hésitait pas à enlever sur place quelques-uns de ses vêtements. Guillemin soutient d'ailleurs l'avoir vu « plein de vitalité » – bien que Gide eût évoqué sa mauvaise santé pour décliner l'invitation du comité Nobel de participer à la remise des prix à Stockholm : « C'est le cœur, atteint par l'âge, qui n'est plus à la hauteur de mes désirs », s'excusa-t-il auprès de l'un de ses amis, Roger Martin du Gard, récipiendaire du prix Nobel 10 ans plus tôt.

Adresse Rue de l'Evole 15, 2000 Neuchâtel | Transports en commun Bus TransN 106/107/109, arrêt Neuchâtel–Place-Pury | À savoir La belle façade du bâtiment est à découvrir depuis le côté lac, qui donne sur la baie de l'Evole.

75_Evole Petitpierre

Mendelssohn manqua un concert pour la visiter

« On regretta que Mendelssohn n'arrive à Lausanne que pour le deuxième concert, après la représentation de son "Lobgesang" le jour précédent. » Dans son édition du 8 août 1842, la *Neue Zürcher Zeitung* se fit l'écho de la frustration des 1 000 exécutants et des 3 000 spectateurs venus en nombre à la cathédrale de Lausanne. Tous espéraient voir le célèbre compositeur lors de la représentation de sa symphonie chorale monumentale à la Fête nationale de musique. Ce que le public ne sut pas, c'est que Felix Mendelssohn leur fit faux bond en raison d'une petite escapade dans la patrie de son épouse, Cécile Jeanrenaud.

La jeune femme, que Felix avait épousée en 1837, descendait en effet d'une famille originaire du Val-de-Travers. Après avoir été consacré au ministère à Neuchâtel, son père avait été nommé pasteur de la paroisse réformée de langue française de Francfort. Cécile avait visité régulièrement Neuchâtel durant sa jeunesse, mais c'était la première fois qu'elle revenait au pays avec son époux. Dans une lettre à sa mère, Cécile expliqua qu'à peine arrivé à Neuchâtel, le couple se rendit immédiatement à la rue de l'Evole 2, chez sa marraine Charlotte Petitpierre, qui était également sa grand-tante. La maison perchée sur un rocher existe aujourd'hui encore : elle abrite deux appartements privés qui appartiennent aux descendants de la famille.

Felix et Cécile visitèrent également d'autres amis à Cortaillod, mais leur passage à la rue de l'Evole fut le moment le plus important de leur séjour neuchâtelois. Cécile s'en ouvrit à sa mère : « La tante se réjouit beaucoup de me voir et dit que je n'avais pas changé ». Dans une lettre plus tardive, elle reparla de cette « charmante habitation, que ma tante aimait tant » et dont « la superbe vue la réjouissait ». Felix étant attendu, la visite ne put durer plus longtemps et le couple se remit en route pour Lausanne. Cécile avait bien compris qu'il fallait se dépêcher, car le public aurait été « très fâché contre lui s'il avait tout manqué ».

Adresse Rue de l'Evole 2, 2000 Neuchâtel | **Transports en commun** Bus TransN 106/107/109, arrêt Neuchâtel–Place-Pury | **À savoir** Avant qu'il ne rencontre Cécile, Felix Mendelssohn est passé à Neuchâtel avec sa famille quand il avait 13 ans. L'un de ses croquis de la ville existe encore.

76 Le jardin Hermann-Russ

Il n'y a pas que le chocolat chez les Suchard

La visite de ce petit parc inauguré en 2016 permet de redécouvrir de manière décalée l'histoire de la dynastie chocolatière Suchard, dont les usines ont façonné le quartier jusqu'à leur fermeture en 1990. Derrière cet espace vert se profile le minaret à coupoles dorées construit par Philippe Suchard, le fondateur de l'entreprise, au retour d'un voyage au Proche-Orient. Ici ont vécu ensuite Willy et Hermann Russ, ses petits-fils, qui ont cultivé d'autres passions que celle du chocolat. Si le nom de Willy Russ est resté lié au plus célèbre peintre suisse Ferdinand Hodler, qui a réalisé son portrait et dont il a acheté de nombreuses œuvres, son frère Hermann s'est illustré comme un ardent défenseur de la nature. Son journal *Le Petit Ami des Animaux* a sensibilisé plusieurs générations de jeunes passionnés.

L'ancien jardin privé de la propriété Suchard-Russ a été ouvert au public à l'initiative de la ville de Neuchâtel, qui y rend hommage à son ancien propriétaire. Le parc se présente comme un laboratoire pour la préservation de la biodiversité. Si certaines espèces méridionales séculaires ont été conservées sur la partie sud (pin noir, cèdre blanc), d'autres arbres les ont rejointes : plusieurs chênes ainsi qu'une série de variétés fruitières régionales, comme la prune de Chézard ou la pomme Belle de Vaumarcus.

Une niche à insectes de forme inédite y a également pris place : un vieux tronc de tilleul mort a été coupé à une hauteur de 3 mètres pour accueillir les petites bêtes. Cette initiative favorise les insectes xylophages (qui se développent dans le bois) comme les coléoptères, et des espèces rares comme la scintillante rutilante et la saperde à huit points s'y sont déjà développées. Plus d'insectes signifie plus de nourriture pour les oiseaux, pour lesquels une dizaine de nichoirs ont été installés dans les arbres. Hermann Russ serait certainement ravi de cette initiative, lui qui avait construit sur place une grande volière pour libérer les volatiles de leurs cages.

Adresse Rue Guillaume-Farel, 2000 Neuchâtel | Transports en commun Bus TransN 102, arrêt Neuchâtel–Battieux. Traverser la route, le jardin se trouve sur la droite | À savoir Depuis le parc, prenez la direction du lac, puis remontez la rue des Usines pour découvrir le quartier des anciennes fabriques Suchard.

77 Magasins du Monde

Objets de loin, craquèlements d'ici

En montant la rue menant au château, on découvre sur la droite un magasin de l'association des Magasins du monde, organisation qui compte plusieurs dizaines de boutiques à l'échelle de la Suisse romande et plusieurs milliers à l'international. Toutes ces enseignes promeuvent l'économie solidaire et garantissent aux fournisseurs des pays en voie de développement des prix corrects ; en contrepartie, ceux-ci respectent des normes sociales et des critères de gestion durable, dans une démarche qui se veut également éducative et politique.

L'accueil y est toujours chaleureux, assuré en principe par des bénévoles qui soutiennent cette vision de l'économie. À Neuchâtel, comme dans les autres villes de Suisse romande, le projet est né dans le sillon de 68. Au début, il s'agissait d'un projet militant : les membres tenaient un stand hebdomadaire sur le marché, où, avec quelques produits en exemples, le public était sensibilisé aux risques liés à certaines formes de l'économie mondialisée. Après avoir stocké pendant des années les produits vendus au marché dans une armoire à la cave, un vrai magasin fut ouvert en 1978. De la volonté d'informer, l'équipe passa à une véritable incitation à acheter des produits venant de ces régions et fabriqués en respectant les principes d'une économie solidaire.

Aujourd'hui, flâner entre les étals devient une véritable invitation au voyage. Au rayon alimentaire, les paquets de café viennent d'Amérique centrale (Honduras), des pays d'Afrique (Éthiopie, Tanzanie, Ouganda) ou même d'Asie (Sumatra, Népal). Différentes provenances sont également mises en valeur pour grand nombre d'autres articles alimentaires, comme le chocolat, le riz et les épices par exemple. Outre la partie épicerie, qui arrive en tête des ventes, de nombreuses formes d'artisanat sont proposées : sacoches, chapeaux, écharpes, tongs, vaisselle… Avec ces objets, le périple continue, rythmé par le craquèlement bien sympathique d'un beau parquet ancien, qui, lui, vous ramène au patrimoine local.

Adresse Rue du Château 2, 2000 Neuchâtel | **Transports en commun** Bus TransN 107/109, arrêt Neuchâtel–Place-Pury. Remonter la rue du Seyon, puis prendre à gauche (5 min) | **À savoir** Depuis la porte du magasin, on aperçoit de dos la fontaine du Banneret, ornée de la représentation d'un ancien porte-drapeau de la milice vêtu d'une cuirasse.

78 Le mascaron de la fontaine du Lion

La bouche de la vérité, version neuchâteloise

Les mascarons sont des masques à traits humains qui ornent des monuments architecturaux. À l'instar de la fontaine du Lion, 800 représentations animales fantasmagoriques sont à observer dans la région neuchâteloise sur des demeures, des bâtiments publics ou des châteaux par exemple. Ce « bestiaire » a fait l'objet il y a quelques années d'une exposition au château de Valangin, situé au nord de Neuchâtel.

Le musée du Louvre s'est également intéressé en 2014 à ces adjonctions architecturales dans le cadre d'une exposition intitulée « Masques, mascarons, mascarades ». Le catalogue livre de nombreuses clefs pour comprendre ces apparitions étonnantes, qui ornent souvent les fontaines. « Cette forme de bouche d'écoulement à visage humain était déjà connue de l'Antiquité, et la *Bocca della verità*, à Rome, en offre sans doute l'exemple le plus fameux », explique Dominique Cordellier, conservateur en chef au département des Arts graphiques. L'étrangeté du mascaron « tient un peu à ce qu'il apparaît comme la face coupée d'un être irréel et difforme qui, figée, suscite une forme atténuée de la stupéfaction, l'étonnement. En effet, même quand il se fait souriant, le mascaron ne perd jamais totalement une fixité étrange qui arrête. »

Ces inspirations remontent à l'Antiquité, en particulier à la Grèce antique, qui était hantée par les Gorgones, des créatures fantastiques qui avaient, dit-on, le pouvoir de pétrifier ceux qui les regardaient. Très souvent, les cheveux des personnages des mascarons ressemblent à ceux de Méduse, la plus terrifiante des Gorgones : les fils fins cèdent la place à des serpents. Ici, sur l'élément de la fontaine du Lion – aussi connue sous le nom de fontaine du Temple-Neuf, selon qu'on l'identifie par l'animal qui se hisse au sommet de la colonne ou par le lieu de culte protestant situé à côté –, les cheveux sont moins effrayants. Les boucles ressemblent en effet plutôt à celles d'une perruque de la Renaissance.

Adresse Rue du Bassin, 2000 Neuchâtel | **Transports en commun** Bus TransN 106/107/109, arrêt Neuchâtel – Saint-Honoré | **À savoir** À proximité, sur la fontaine devant l'hôtel de ville, un double goulot sort d'un mascaron aux allures de monstre.

79 La pendule du Beau-Rivage

Le lien au lac transfiguré

Vanessa Lecci, émailleuse de haute horlogerie et habilleuse de pendules neuchâteloises traditionnelles, se rappelle les premières discussions avec Delfim Santos, directeur de l'Hôtel Beau-Rivage, l'établissement cinq étoiles de Neuchâtel. À l'origine, il souhaitait faire restaurer l'horloge murale de l'établissement en s'inspirant du cœur de la ville. L'artiste italienne, installée à Neuchâtel depuis 20 ans, l'a pourtant convaincu d'aller puiser l'inspiration du côté du lac. Dans ce registre, le bleu azur s'imposait presque naturellement, des variations de gris venant s'y ajouter pour symboliser les rochers de la rive toute proche.

La pendule d'origine, fabriquée par la manufacture Zénith du Locle, à une trentaine de kilomètres de Neuchâtel, a été achetée en brocante – la créatrice a été surprise de voir le peu de valeur de ces « pendules neuchâteloises », des horloges inspirées du style Louis XVI qui ornaient de nombreux salons de la région jusqu'il y a une vingtaine d'années ! Symptôme de la fin d'une époque, la manufacture Zénith a arrêté leur production il y a peu, mais le marché de l'occasion prospère. Vanessa Lecci a profité du confinement pour donner une seconde jeunesse à son modèle : elle a repeint le socle, puis a laissé reposer un mois avant de finaliser le cabinet. La morosité de la pandémie lui a inspiré des couleurs criardes dans le style Pop art. Elle espérait ainsi interpeller, comme pour conjurer l'indifférence qu'inspiraient de plus en plus ces horloges.

Cette première restauration en a entraîné bien d'autres – la pendule pour le Beau-Rivage, elle, est plus apaisée, s'intégrant à l'atmosphère feutrée de l'établissement. Pour apporter une ultime touche d'élégance au cadran, Vanessa Lecci a eu recours à l'émail grand feu, la technique la plus haut de gamme qu'elle propose également à ses clients du monde horloger. Le directeur du Beau-Rivage a émis le vœu qu'elle y appose sa signature à côté du nom de l'hôtel, un souhait qui fut cette fois-ci exaucé.

Adresse Hôtel Beau-Rivage, esplanade du Mont-Blanc 1, 2000 Neuchâtel | Transports en commun Bus TransN 106/107/109, arrêt Neuchâtel–Place-Pury | Horaires d'ouverture Véranda-bar : du lundi au dimanche de 7 h à minuit (jusqu'à 1 h le vendredi et le samedi) | À savoir Plusieurs pendules habillées par Vanessa Lecci sont proposées sur son site. L'artiste échange également volontiers avec les personnes intéressées par un habillage personnalisé (www.vanessalecci.ch).

80_La Petite Rochette

Une belle demeure dévoile ses secrets

Depuis quelque temps, la façade de la Petite Rochette est à nouveau bien visible depuis l'avenue de la Gare. Les arbres en bataille qui obstruaient la vue ont été taillés par la famille Biétry, les nouveaux propriétaires. Le débroussaillage est un peu à l'image de la petite révolution que connaît ce bâtiment : après avoir traversé les siècles comme propriété strictement privée, la Petite Rochette commence à s'ouvrir au grand public.

Construite vers 1745, la maison ne comportait au début qu'un seul étage, utilisé comme pavillon de loisirs. Les invités venaient ici pour profiter de la belle esplanade arborée qui jouxte la maison. Entre 1812 et 1841, la Petite Rochette a ensuite appartenu à la loge maçonnique La Bonne Harmonie. Quelques détails de cette période resurgissent aujourd'hui. Dans une chambre latérale du rez-de-chaussée, on découvre ainsi une porte dérobée. Derrière une fausse armoire, on accède à un petit escalier qui rejoint une cave de moyenne dimension. La porte était ornée de symboles maçonniques qui ont été recouverts de peinture par les précédents propriétaires. La cave était-elle le lieu de discussions secrètes ? En tout cas, durant cette période caractérisée par la lutte entre républicains et monarchistes, la loge perdit beaucoup de ses membres et fut finalement contrainte à vendre le bâtiment.

Aujourd'hui, la demeure est utilisée lors de différentes manifestations culturelles, comme des spectacles de danse ou des expériences de réalité virtuelle durant le Festival du film fantastique. On y organise également des soirées avec tous types de stands sur lesquels sont proposés boissons, nourriture, bijoux, vêtements... En collaboration avec des cuisiniers locaux, elle se transforme ponctuellement en restaurant éphémère. Toutes les manifestations publiques sont annoncées via les réseaux sociaux sur les comptes de la Petite Rochette, qui peut également être louée pour des séminaires ou des événements privés.

Adresse Avenue de la Gare 47, 2000 Neuchâtel, info@lapetiterochette.ch | Accès Depuis la gare de Neuchâtel, descendre l'avenue de la Gare | À savoir Un peu plus bas sur l'avenue de la Gare, la façade des Caves du Palais, lézardée de nervures de verre contemporaines, vaut le coup d'œil.

81 Le sentier des moulins

Une oasis en pleine ville

L'enchevêtrement de routes au carrefour de Vauseyon ne laisse pas soupçonner qu'un lieu préservé se cache en contrebas, au bord de la rivière. En descendant depuis le pont des Parcs en direction du cours d'eau appelé Seyon, on pénètre dans une oasis surprenante : les températures y sont de 7 à 8 degrés moins élevées qu'au niveau de la route, une aubaine en pleine canicule. Depuis l'arrêt de bus, après avoir rejoint le lit de la rivière et traversé la voûte du grand pont, on s'engage dans le « gor du Seyon », comme on nomme le creux géologique au fil d'une rivière. Cette fosse-ci atteint la profondeur de 6 mètres.

Aujourd'hui, plusieurs roues de moulin de différents types – la plupart sont des copies réduites de moitié par rapport aux modèles originaux – y ont été installées à des fins didactiques. Certaines sont alimentées par le haut, d'autres par le milieu ou par le bas, et l'eau se déverse sur des palettes ou des augets. Comme à l'époque, des canaux ont été ajoutés pour accélérer l'écoulement.

Au milieu du sentier se dresse sur la droite La Maison du Prussien, dont l'autre façade pourra être admirée sur le chemin du retour. Cette bâtisse, reconvertie dès 1985 en hôtel-restaurant de charme par Christine et Philippe Graef, ancien conservateur cantonal des monuments, date de 1797. C'est à son rachat un siècle plus tard par une bourgeoise de Prusse orientale qu'on lui donna son nom. En aval étaient situés dès le XVIe siècle entre un à trois moulins selon la période, dont la force était utilisée pour moudre du grain, mais aussi pour scier du bois. L'abandon de certaines installations ainsi qu'un incendie eurent raison des constructions. Pour des questions de salubrité, seuls les fondements et la voûte du moulin de Chambrier furent préservés et aménagés. Aujourd'hui, les vestiges enserrés dans la gorge, que l'on peut observer depuis l'extrémité du sentier, donnent au site des allures d'œuvre de la période romantique.

Adresse Rue des Tunnels, 2000 Neuchâtel | Transports en commun Bus TransN 120/122, arrêt Neuchâtel Pont-des-Parcs | À savoir Le site internet de l'Association du Gor de Vauseyon informe sur les tours guidés organisés (www.gor.ch). Durant l'été, des aubades sont organisées le jeudi sous le kiosque à musique à côté de La Maison du Prussien. Les dates sont publiées sur les programmes culturels régionaux.

82 Le Seyon

Après les pluies, un spectacle tourbillonnant

En ce mois de janvier, plusieurs automobilistes s'arrêtaient sur la rue de l'Evole, juste à côté de la trouée du Seyon, pour prendre quelques clichés depuis le petit pont. Les remous provoqués par la rivière embuaient les objectifs, mais, après avoir essuyé les lentilles, le spectacle des tourbillons devenait net et saisissant. Pourtant, ce jour-là, avec un débit de 7 mètres cubes par seconde, le Seyon était loin de son record. Selon les statistiques publiées depuis 1980, celui-ci fut atteint le 26 septembre 1987, lorsque 33,9 mètres cubes par seconde dévalèrent le lit de la rivière depuis le Val-de-Ruz. Sur sa première page, la *Feuille d'avis de Neuchâtel* (aujourd'hui *Arcinfo*), le journal local, résumait la situation en un mot : « le déluge ». Plus proche de nous, en juin 2019, le Seyon provoqua des inondations à Villiers et Dombresson ; un événement qui manqua de se reproduire en janvier 2018.

Avant la déviation du cours d'eau, Neuchâtel connaissait une inondation par génération en moyenne. Deux furent particulièrement violentes et provoquèrent de terribles dégâts : en 1579, tout d'abord, le Seyon grossit dangereusement à partir de Boudevilliers, emportant en amont le moulin et un pont à Valangin. Mêlées aux débris, les eaux arrivèrent plus tard à Neuchâtel, faisant sauter les protections qui auraient dû mettre la ville à l'abri. Une trentaine de maisons, dont l'hôtel de ville qui enjambait la rivière, furent détruites. En 1750, un scénario comparable se reproduisit, obligeant les habitants à se déplacer en barques dans les rues.

Marquée par ces événements, la municipalité évoqua plusieurs projets de déviation de la rivière, mais ce n'est que près d'un siècle plus tard qu'elle passa à l'action. Ainsi, depuis 1843, le cours du Seyon est modifié par un tunnel passant sous le château de Neuchâtel. En plus de protéger les habitations de la rivière, qui traversait jusque-là le centre de la cité, ce détournement offre aujourd'hui aux badauds une bien jolie vue lorsqu'il pleut des hallebardes.

Adresse Rue de l'Evole, 2000 Neuchâtel | **Transports en commun** Bus TransN 102, arrêt Neuchâtel–Régional. Le point de vue se trouve en face de la maison de concerts La Case à Chocs, sur la rue de l'Evole | **À savoir** Selon les statistiques de ces dernières années, les mois de décembre, janvier, mars et juin offrent les meilleures chances d'observer un débit important.

83 La statue d'Hugues de Pierre

Chroniqueur imaginaire des guerres de Bourgogne

Jusqu'à la fin du XIXe siècle, Hugues de Pierre était connu comme un chanoine de la collégiale de Neuchâtel du XVIIe siècle. Il devait sa notoriété à sa narration vivante et colorée des guerres de Bourgogne. Son texte, exaltant les faits d'armes des vainqueurs helvétiques, l'avait propulsé auteur phare de la *Chronique des chanoines de la collégiale de Neuchâtel*, pour laquelle une dizaine d'ecclésiastiques s'étaient transmis la plume.

En réalité, son récit, ainsi que ceux de ses confrères, était l'œuvre d'un faussaire ! Le pot aux roses fut révélé en 1895 par l'historien Arthur Piaget, qui avait noté de nombreuses incohérences dans le récit des chanoines. Les éléments historiques les plus intéressants de la *Chronique* se trouvaient certes dans le texte d'Hugues de Pierre, mais ceux-ci étaient inspirés d'un autre récit des guerres de Bourgogne, celui-là authentique, rédigé par un certain Pétremand. Selon l'analyse d'Alfred Schnegg, alors archiviste du canton, cet employé communal a narré les événements avec un parti pris flagrant en faveur des Suisses et une farouche hostilité à l'égard du duc de Bourgogne, Charles le Téméraire.

Ce récit pro-helvétique avait poussé l'ancien conseiller d'État neuchâtelois Abram de Pury à faire rédiger la fameuse *Chronique des chanoines* par des moines et à inventer la figure de Hugues de Pierre. De Pury espérait ainsi propager des idées favorables à la Confédération helvétique et mettre fin à la souveraineté prussienne, dont les autorités venaient de le démettre de ses fonctions. Le faussaire arriva facilement à ses fins, son texte fut rapidement repris par des auteurs et historiens connus, puis instrumentalisé comme fondement historique du nouveau pouvoir mis en place. Devenu un héros cantonal, Hugues de Pierre eut ainsi droit à sa statue en 1873, aux côtés d'autres célébrités locales, celles-là bien réelles.

Adresse Place Numa-Droz 3, 2000 Neuchâtel | Transports en commun Bus TransN 106/107/109, arrêt Saint-Honoré. Le Collège latin se trouve de l'autre côté de la route, la statue orne la façade sud du bâtiment | À savoir La légende de Guillaume Tell a également été créée de toutes pièces. Cette histoire, qui glorifie les débuts de la Confédération helvétique, a été inventée selon toute vraisemblance pour redonner courage à la population dans une période de crise et de doutes.

84 La villa Castellane

Au bonheur des dames

Construite entre 1814 et 1816 par Frédéric de Pourtalès pour son épouse Marie-Louise Castellane, ancienne dame d'honneur de l'impératrice Joséphine, l'élégante maison du faubourg de l'Hôpital reste encore aujourd'hui sous la protection de Vénus. En 2020, six créatrices se sont organisées en association pour louer les locaux. Actives dans des domaines comme la danse ou la conception d'accessoires haut de gamme, elles ont été rejointes dernièrement par deux hommes : le premier a repris la gestion du Café Castellane, le second y a déménagé sa marque horlogère.

Dans cette maison de style Empire, les locataires échangent dans les corridors ou se donnent rendez-vous dans l'élégant café. Ouvert au public, celui-ci accueille également les petites réunions familiales, des rencontres de gérants d'entreprise, des indépendants travaillant sur leur PC ou de jeunes couples de tourtereaux endimanchés. Durant l'été, la terrasse agrandit encore plus l'espace et accueille les *afterworks* de plus en plus courus. En semaine, des plats du jour d'inspiration méditerranéenne sont proposés, et le samedi, c'est brunch. Le tout dans un cadre à couper le souffle : une architecte d'intérieur, qui faisait partie du sextuor féminin d'origine, a combiné avec talent les éléments d'époque d'un monument classé au patrimoine à des décorations ou accessoires plus contemporains sous la supervision du propriétaire, Jürg Stäubli. Bel exemple de ce mélange : le lustre qui apporte de l'éclat au cadre classique.

Profitant de ce cadre exceptionnel, la villa accueille de plus en plus d'événements, où, en plus de l'offre culinaire, les hôtes peuvent faire appel aux talents de l'un ou l'autre résident de la maison. Enfin, pour ceux qui désirent garder un souvenir de leur visite à leur poignet, il est possible, après avoir découvert les modèles dans le hall d'entrée de la jeune marque horlogère BA111OD, de prendre rendez-vous à l'étage pour acheter une tocante.

Adresse Faubourg de l'Hôpital 21, 2000 Neuchâtel, www.cafevillacastellane.ch | **Accès** Depuis la gare de Neuchâtel, descendre à pied l'avenue de la Gare, prendre à gauche après l'église de la Rochette, traverser le domaine de l'Hôtel DuPeyrou et poursuivre sur le faubourg de l'Hôpital | **Horaires d'ouverture** Du mardi au mercredi de 8 h 30 à 22 h, le jeudi et le vendredi de 8 h 30 à minuit, le samedi de 10 h à minuit, le dimanche de 10 h à 16 h | **À savoir** Une fastueuse réception en l'honneur du roi de Prusse Frédéric-Guillaume IV a été organisée ici en 1842.

85_La villa Perret

Le concept de voisinage décliné d'une belle façon

La villa Perret accueille depuis environ 2 ans une vingtaine d'entreprises qui se partagent 1 000 mètres carrés de surface de travail. Par l'intermédiaire d'un investisseur, cette belle demeure, construite en 1902 au bord du lac dans le quartier de Monruz, a rejoint un réseau de surfaces partagées baptisé « Voisins », des espaces de travail liés à des bars et des restaurants.

Les entreprises de la villa Perret sont actives dans de nombreux domaines distincts, favorisant parfois les complémentarités. Un bureau de conseil est ainsi devenu actionnaire d'une société active dans la musique digitale. Pour les entreprises, le concept permet également d'optimiser au mieux l'utilisation des locaux. « Avec le Covid, nous avons remarqué que nous pouvions augmenter la part de télétravail à la satisfaction de tous. Aujourd'hui, 80 % des tâches se font à distance, et environ 20 % ici, sur le site », explique David Maurer, fondateur de Colorix, une société qui a développé une application de colorimétrie.

C'est souvent autour d'un plat du jour ou d'un café que s'opèrent les rencontres. On y croise de jeunes entrepreneurs penchés sur leur ordinateur portable, des collaborateurs d'une grande entreprise de la région qui discutent autour d'une grande table, mais également des familles ou des particuliers. La villa Perret se veut être un « lieu de vie », et ce n'est pas un hasard si Thomas Menant, organisateur d'événementiel et tenancier de bar à Neuchâtel, a été choisi comme responsable. En collaboration avec Guillaume Godet, également patron de la vinothèque Dada, il met sur pied de multiples manifestations sur le bel espace entre la villa et le lac : marchés artisanaux, cinéma en plein air, brunchs et expositions d'un artiste plasticien tous les mois à l'étage inférieur. Chacune des activités veille à respecter les règles de bon voisinage. Ainsi, pour les séances de cinéma le soir, les spectateurs portent un casque dans le cadre de *silent parties* et les concerts de musique se terminent tôt dans la soirée.

Adresse Route des Falaises 140, 2000 Neuchâtel, tél. +41 (0) 32 721 09 41, www.voisins.ch | **Transports en commun** Bus TransN 101, arrêt Neuchâtel–Monruz | **Horaires d'ouverture** Le mardi, le mercredi et le vendredi de 10 h à 17 h, le jeudi de 10 h à 21 h, soirs et week-ends selon programme annoncé sur les réseaux sociaux | **À savoir** Dans le hall d'entrée, jetez un coup d'œil sur la pendule neuchâteloise revisitée par la marque Keris, dont les bureaux se trouvent à l'étage.

86 Le dolmen

Il gisait sous le tronçon de la nouvelle autoroute

Avant la construction de l'autoroute A5, reliant Yverdon-les-Bains à Soleure, sur la rive nord du lac de Neuchâtel, d'importantes fouilles préventives furent organisées et mirent au jour le dolmen d'Onnens. Alors que les menhirs sont des pierres coniques dressées, les dolmens se présentent sous forme de table, avec généralement une dalle de couverture et des soutiens latéraux. Dans nos régions, ils servaient en général de sépultures collectives, permettant, par une ouverture frontale, le dépôt successif des personnes décédées.

Sur la commune d'Onnens, huit sites exceptionnels ont été découverts. Celui de Praz-Berthoud, sur lequel ce dolmen a été retrouvé, s'est révélé si riche que les fouilles sur place ont duré 7 ans, de 1997 à 2004, et ont employé jusqu'à 100 collaborateurs aussi bien l'hiver que l'été ! L'état de préservation était exceptionnel, car les vestiges avaient été protégés par les limons fins qui s'y étaient déposés. Au cours des recherches, un bulldozer buta sur deux grandes dalles ; une découverte qui éveilla la curiosité des archéologues présents. Des fouilles plus poussées permirent alors de déterrer un bloc et deux autres plaques, des fragments de céramique ainsi que des restes humains mêlés à une terre brune et noire. La datation de ces vestiges permet d'estimer que le dolmen a été utilisé vraisemblablement pendant plusieurs centaines d'années, autour de 2 300 avant J.-C. Des agriculteurs du Néolithique se sont probablement implantés sur le site pour y construire des habitations et des installations pour moudre le blé. La présence d'une source à proximité explique certainement le choix de cet emplacement ; l'eau a aussi très probablement attiré les populations au Mésolithique, ainsi que durant l'âge du bronze et l'âge du fer.

En 2010, le dolmen fut reconstitué à 40 mètres du lieu de sa découverte, de l'autre côté de l'autoroute. Les blocs manquants furent modélisés puis réagencés dans une autre pierre, permettant ainsi de les reconnaître des blocs originaux.

Adresse Praz-Berthoud, 1425 Onnens | Accès Depuis la route nationale 5, au centre d'Onnens, prendre la route en direction de « Maison de commune », puis suivre les panneaux rouges « Dolmen » | Transports en commun Car postal 630/635, arrêt Onnens – Croisée. Continuer à pied en suivant les panneaux « Dolmen » (20 min) | À savoir Dans nos régions, ces constructions sont des tombes collectives, alors qu'en Bretagne les premiers dolmens étaient destinés à ne recueillir qu'une seule personne.

87 L'hôtel-restaurant Bellevue

Le charme d'un ancien relais postal

Au bord de l'ancienne route principale longeant la rive nord du lac de Neuchâtel se profile un élégant bâtiment orné d'une façade de pierre calcaire jaune et d'une vigne vierge grimpante. L'hôtel-restaurant Bellevue a été construit au XVIIIe siècle pour une utilisation rurale. Plus tard, il a fonctionné comme relais postal : c'est ici que les cavaliers changeaient de monture.

Après avoir été baptisé Hôtel de la Confédération au XIXe siècle, il porte désormais le nom de Bellevue, en hommage au panorama dont jouissent les hôtes depuis leurs chambres. Le bâtiment a connu plusieurs propriétaires, dont une famille de l'Oberland bernois au siècle passé, avant d'être racheté par la commune dans les années 90. Sa gestion est aujourd'hui entre les mains de tenanciers, qui accueillent ici locaux et gens de passage. L'établissement compte une dizaine de chambres ; à la belle saison, il est prudent de réserver, en particulier si vous désirez profiter de la vue sur le lac. Au restaurant, les nouveaux gérants proposent une cuisine franco-italienne, avec deux plats du jour en semaine. Il est agréable de prendre place sur la terrasse durant les beaux jours, car la route se trouve à bonne distance. Une belle salle avec cheminée est, quant à elle, ouverte en soirée.

L'hôtel a connu durant la Seconde Guerre mondiale un épisode particulier : en juin 1940, la Suisse a accueilli environ 10 000 soldats polonais, qui ont été répartis sur tout le territoire. L'hôtel Bellevue est alors devenu l'un des lieux d'hébergement pour ces réfugiés militaires, qui ont principalement œuvré jusqu'en 1945 dans l'agriculture et la construction de routes. À la fin du conflit, ils sont retournés dans leur patrie. Après avoir atteint un minimum d'habitants en 1970 – la commune en comptait alors 223 –, Onnens a accueilli de nombreuses personnes de l'extérieur qui sont venues grossir la communauté rurale. Aujourd'hui, ce sont près de 500 personnes qui y habitent.

Adresse Rue des Fontaines 20, 1425 Onnens, www.bellevue-onnens.ch | Accès Prendre l'A5, sortie Grandson et suivre Concise | Transports en commun Car postal 630/635, arrêt Onnens–Croisée | À savoir Sur les armoiries d'Onnens figure une écrevisse, à laquelle il manque la pince droite. Cette pièce manquante se retrouve toutefois sur le drapeau de la commune de Montagny, à 10 kilomètres de là. La tradition locale veut qu'Onnens, à la suite d'un différend, ait dû céder l'autre pince à Montagny.

88 L'Auberge des XIII Cantons

Copie d'une enseigne à fort impact

Dans sa série sur les districts du canton, au chapitre consacré à Peseux, aujourd'hui rattaché à Neuchâtel, Édouard Quartier-la-Tente, politicien du début du XXe siècle, présente « l'enseigne de l'Hôtel des XIII cantons, toute criblée de balles » comme « un irrécusable témoin ». De nombreux autres articles historiques ou de presse décrivent l'écriteau comme « authentique ». Mais l'est-il vraiment ?

Revenons tout d'abord à l'origine de ces impacts. En 1856, 8 ans après l'installation d'un gouvernement républicain à Neuchâtel, les contre-révolutions remettent leurs monarques en place dans toute l'Europe. Les fidèles du roi de Prusse, prince de Neuchâtel jusqu'en 1848, se sentent encouragés à restaurer l'Ancien Régime. Le 3 septembre 1856, une colonne de plusieurs centaines de royalistes arrive à proximité de l'Auberge des XIII Cantons, où était posté un détachement d'une vingtaine de soldats suisses. Des échanges de tirs s'ensuivent, et, après une vaillante résistance, les Confédérés finissent par se rendre. Ils sont pourtant relâchés le lendemain lorsque les troupes confédérées reprennent le dessus. Les impacts seraient les traces des échauffourées sur place, qui ont fait, selon Quartier-la-Tente, deux morts du côté royaliste et plusieurs blessés chez les Confédérés.

Deux sources photographiques du XIXe siècle, repérées par l'historien Patrice Allanfranchini dans une étude commandée par le service du patrimoine, mettent cependant en évidence que le panneau de devanture originel de 1786 avait une autre forme. Sur un dessin publié dans un livre sur les enseignes neuchâteloises de 1886, l'architecte Louis Reutter représente l'écriteau avec une forme plus allongée et des ornementations latérales différentes de celles d'aujourd'hui. Ce même contour se retrouve sur une photographie publiée dans un autre ouvrage. L'enseigne aurait été remplacée lors d'une rénovation en 1907.

Adresse Grand-Rue 27, 2034 Peseux | Transports en commun Bus TransN 101, arrêt Peseux–Temple | À savoir Les habitants de Peseux sont appelés les Subiéreux, car ils auraient protesté à coup de sifflets (*subié* en langue d'oc) contre la vente d'une forêt à un noble de Neuchâtel.

89_La Fromagerie de Pomy

Du beurre et du fromage qui passent crème

Plusieurs boulangeries bios de la région ne jurent que par le beurre de La Fromagerie de Pomy. Une visite sur place permettra-t-elle d'en découvrir les secrets ? Un rendez-vous est pris un vendredi à 8 heures avec Christophe Cujean qui, après plusieurs années de formation dans des établissements de la région et une maîtrise fédérale, est devenu propriétaire de la fromagerie en 2016.

Dans le laboratoire, une imposante motte de beurre ne demande plus qu'à être formée et emballée. Il s'agit ici de beurre de fromagerie, souvent utilisé par les boulangeries ainsi que par les restaurants de la région, pour faire rôtir les filets de perche par exemple. Si les professionnels en utilisent des kilos, il est également possible d'acheter des petites plaques de 100 ou 200 grammes. Sur une tartine, on est agréablement surpris par l'onctuosité, la fraîcheur ainsi que la petite pointe acidulée du beurre. Cette saveur provient d'un processus naturel de maturation biologique initié par les bactéries lactiques. La masse repose pendant environ 10 heures jusqu'à l'obtention du taux d'acidité visé. Le barattage (battage de la crème pour séparer les matières grasses) dure ensuite entre 30 et 45 minutes.

Le lait apporté par 11 producteurs établis dans un périmètre d'une dizaine de kilomètres est également utilisé pour la production de sérac, de crème et de yaourt. Et on n'oublie évidemment pas le Gruyère, dont la zone de production ne se limite pas à Fribourg, mais couvre une bonne partie de la Romandie. Il est préparé ici soit en filière bio (90 tonnes par année), soit en filière traditionnelle (260 tonnes). En 2018, Christophe Cujean s'est également lancé dans la production du Bleu du village, un fromage à pâte persillée. Alors que le mélange à fondue traditionnel fait partie des meilleures ventes de la fromagerie, il a imaginé une variante appelée « Fon-Blue », intégrant un pourcentage de fromage bleu. La recette a été développée avec soin, une douzaine de dosages ont été testés avant le choix final.

Adresse Chemin de la Laiterie 2, 1405 Pomy, www.fromageriepomy.com | **Accès** Depuis Yverdon-les-Bains, prendre la direction de Moudon. Au centre de Pomy, prendre à gauche | **Horaires d'ouverture** Tous les jours de 18 h à 19 h | **À savoir** La Laiterie d'Yvonand et la Laiterie du Château à Yverdon-les-Bains proposent également à la vente les produits de La Fromagerie de Pomy.

90 Les Maraîchers Gutknecht

Bienvenue dans la famille de Barack Obama

Durant la campagne de 2008 de Barack Obama, une nouvelle surprenante fut publiée par le journal *Blick* sur la base de recherches américaines : le candidat descendrait de la famille Gutknecht de Ried bei Kerzers. Deux années plus tard, sur mandat d'Ernst Maeder, ancien membre de l'exécutif de la commune, des généalogistes confirmèrent que Barack Obama était bien le descendant de Johannes Gutknecht, originaire du lieu, et que neuf générations les séparent.

En entrant aujourd'hui dans le magasin des Maraîchers Gutknecht, vous rendez donc visite en quelque sorte à la famille du premier président afro-américain ! Avec plusieurs autres responsables locaux, Ernst Maeder, parrain par ailleurs de Pascal Gutknecht, copropriétaire du domaine maraîcher, a essayé à plusieurs reprises d'inviter le président américain, nommé citoyen d'honneur de Ried en 2010 à l'occasion de la visite de l'ambassadeur des États-Unis. En 2022, une nouvelle demande a été transmise à l'administration de Barack Obama, qui visitait Zurich pour une conférence publique – elle est aussi restée sans suite.

Le magasin de la ferme Gutknecht serait pourtant une excellente porte d'entrée pour l'ancien président s'il se décidait à découvrir la patrie de son aïeul. Le Seeland est en effet la première région maraîchère de Suisse, et l'entreprise Gutknecht l'un des leaders du marché. Par rassemblement des parcelles de plusieurs producteurs de la région, ce sont 100 hectares de champs et 7 hectares de serres que gère l'entreprise. Le large assortiment de légumes cultivés sur le domaine est vendu au côté de fruits et de produits alimentaires d'autres producteurs. Pascal Gutknecht tient également à perpétuer la production de spécialités suisses moins exploitées, comme les salsifis ou les poireaux jaunes. Mais la plus grande fierté de la maison reste les nombreuses – et excellentes – tomates de différentes tailles et couleurs cultivées sur le domaine : pas de doute, Barack Obama ne manquera pas d'y goûter lors de sa prochaine visite à la famille.

Adresse Magasin de la ferme Gutknecht, Biberenweg 1, 3216 Ried bei Kerzers, www.gutknecht-gemuese.ch | Accès De Neuchâtel, prendre la direction de Berne, suivre Anet/Ins, puis prendre la bretelle de Chiètres/Kerzers et suivre Ried bei Kerzers | Transports en commun Car postal 122 ou bus TPF 530, arrêt Kerzers–Abzw-Gurzelen. Continuer à pied (10 min) | À savoir À pied ou à vélo, le sentier maraîcher vous fera découvrir le plus grand potager du pays (www.gemuese.ch/fr/sentier-maraicher).

91 La Grande Sagneule

Merci Monsieur L'Hardy !

Le fait est tellement extraordinaire qu'il est encore aujourd'hui sujet de discussion à la table du patron de La Grande Sagneule, une auberge de montagne (appelée dans la région « métairie ») au-dessus de Rochefort. Un représentant du syndicat d'élevage bovin de Boudry-Est, qui loue le domaine pour l'estivage des bêtes pour une dizaine de propriétaires, explique que lorsque les 157 hectares de pâturages furent légués à la fin du XIXe siècle par René-Henri L'Hardy au village d'Auvernier, situé en contrebas au bord du lac, à 5 kilomètres à vol d'oiseau, ils représentaient une surface pratiquement aussi étendue que la commune qui les a reçus. En découvrant ces prairies délimitées par des murs de pierres sèches, où poussent de magnifiques gentianes jaunes et gambadent quelques chevaux et poulains, on se dit que la commune d'Auvernier ne pouvait pas recevoir plus beau cadeau !

René-Henri L'Hardy, ingénieur-géomètre, avait épousé la fille du général Henri Dufour, maître d'œuvre de la première carte nationale et chef de l'armée suisse durant la première mobilisation des troupes confédérées. Même si L'Hardy eut plusieurs filles, dont deux se marièrent à Genève, il légua ce bel alpage à Auvernier – qui fait aujourd'hui partie de Milvignes – pour le plus grand plaisir des locaux.

Le lien entre La Grande Sagneule et le village originel reste fort : on n'y sert que du vin d'Auvernier. Depuis 20 ans, c'est Stéphane Fumasoli qui gère le restaurant et s'occupe avec un employé des vaches en estivage. Boucher de formation, il sale et fume les jambons à l'os servis ici avec les traditionnels röstis, les galettes de pommes de terre rissolées à la poêle. Ceux qui désirent une version plus luxueuse choisiront l'entrecôte de bœuf. Le tenancier prépare également le lard et la viande séchée, qui peuvent être achetés à l'emporter. En saison, il propose des cassolettes de chanterelles ou de bolets frais. Et, en octobre, ce sont des plats de gibier (médaillons et civets) qui sont mis à la carte.

Adresse La Grande Sagneule, 2019 Rochefort, +41 (0) 32 855 11 74 | Accès Depuis Neuchâtel, continuer sur Peseux. Prendre la direction de Montmollin, puis de la Tourne. Dans un virage, suivre l'écriteau « Sagneule, la Mauvaise Combe » | Transports en commun Car postal 380, arrêt La-Tourne – La-Mauvaise-Combe. Continuer à pied en direction de Sagneule (45 min) | Horaires d'ouverture De mai à octobre, du dimanche au jeudi de 10 h 30 à 22 h, le vendredi et le samedi de 10 h 30 à 23 h | À savoir Une belle balade d'environ une demi-heure mène de La Grande Sagneule au sommet du mont Racine.

92 Le Domaine des Coccinelles

Le viticulteur est spécialiste du lac

Pierre Lambert est à la tête du Domaine des Coccinelles, qui rassemble les vignes cultivées selon des normes biologiques au sein de la coopérative des Caves de la Béroche. Ce que peu de gens savent, c'est que le viticulteur est également un grand spécialiste du lac, puisqu'il lui a consacré une thèse en géologie. Bien sûr, Pierre Lambert peut vous parler des vins produits avec les cépages emblématiques de la région, le pinot noir et le chasselas. Il peut également vous présenter d'autres spécialités issues des plants garanoir et divico. Pour la photo, il pose devant l'une des parcelles candidates à la cuvée Scarlet, celle aux saveurs les plus exotiques de la maison. Mais Pierre Lambert peut également vous expliquer les défis géologiques et environnementaux de la production viticole.

Se référant au Léman, l'écrivain Charles-Ferdinand Ramuz parlait des trois soleils de la vigne : celui du ciel, celui du lac en réverbération et enfin celui de l'infrarouge dégagé par les murs des vignes durant la nuit. Qu'en est-il ici ? La rive nord du lac de Neuchâtel n'a pas été choisie par hasard pour y cultiver la vigne, explique Pierre Lambert. Le terrain est en pente et la plupart des parcelles sont orientées sud-est. C'est cet emplacement plus que le rayonnement qui influence la maturation des vignes, nuance le vigneron. Concernant les principaux défis pour l'avenir, il explique l'urgence de s'adapter aux nouvelles conditions climatiques, en utilisant des cépages plus résistants à la chaleur en particulier. Assurer une quantité suffisante d'eau pour l'arrosage fait également partie des priorités, alors que seule une petite partie provient actuellement du lac. Si celui-ci semble une source intarissable, les études de Pierre Lambert sur ses sédiments présentent une réalité différente : chaque année, 2 à 3 millimètres de matériaux divers se déposent au fond du lac. Si l'on part d'une profondeur moyenne de 150 mètres, cela signifie que l'étendue d'eau deviendra un marais d'ici 75 000 ans…

Adresse Caves de la Béroche – Domaine des Coccinelles, rue du Crêt-de-la-Fin 1, 2024 Saint-Aubin-Sauges, info@caves-beroche.ch, www.caves-beroche.ch | **Accès** Prendre l'A5, sortie Saint-Aubin. Puis, au centre du village, prendre à gauche | **Transports en commun** Arrêt CFF Gorgier – Saint-Aubin | **À savoir** Pierre Lambert est présent lors des portes ouvertes annuelles des caves.

93 Le grand menhir du Devens

Un lieu de rituels et d'offrandes

En cette belle journée d'automne, une rose avait été déposée à côté du grand menhir du Devens. Hommage ? Dévotion ? Offrande ? L'autrice du livre *Hauts lieux vibratoires de Suisse romande : ressourcement, énergie, soins par la nature et par les pierres*, Joëlle Chautems, qui a choisi cette pierre levée comme illustration de couverture, a livré quelques pistes. Les végétaux déposés à côté de ce menhir, expliqua-t-elle au magazine *L'Illustré* lors d'une visite sur le site, sont des « offrandes pour le gardien des pierres, il faut toujours le saluer en arrivant ici ». Sur le lieu, Joëlle s'est également fait photographier dans un parement de druidesse celtique.

Il faut en convenir, cet endroit invite à la méditation, et il existe de nombreuses photos de visiteurs en position contemplative devant le mégalithe. Lors d'une exposition au musée d'archéologie qui invitait la population à présenter des photos personnelles liées à la richesse préhistorique de la région, une dame des environs a envoyé un cliché d'elle jouant de la flûte devant le menhir. Elle y expliquait qu'il avait été pris par une amie venue d'Allemagne, à qui elle avait désiré faire découvrir « ce lieu magique ». Elle poursuivait sur un ton incantatoire : « J'honore et je remercie pour tout ce qui y est, en jouant de la flûte. »

Plus que le menhir, c'est tout le domaine de la forêt du Devens qui invite à la contemplation et à la réflexion. Lors d'une visite sur le site, il est vivement conseillé de continuer la promenade jusqu'à l'institution sociale du Devens, qui se trouve à quelques centaines de mètres de là, en direction d'Yverdon-les-Bains. Le site possède une ferme où l'on peut admirer une demi-douzaine de chevaux de la race des Franches-Montagnes. Que ce soit pour les animaux, les pierres, la forêt ou la vue sur le lac, gageons que beaucoup ressentiront, durant une promenade au Devens, la main d'une puissance supérieure, qu'elle soit naturelle, druidique ou divine.

Adresse Le Devens, 2024 Saint-Aubin-Sauges | **Accès** Depuis Saint-Aubin-Sauges, prendre la direction de Provence, puis après 1 km, prendre à droite en direction de Devens. Se parquer au Devens, puis prendre un petit chemin à droite, 100 mètres après la place de pique-nique, en direction du lac | **Transports en commun** Arrêt CFF Gorgier-Saint-Aubin. Continuer à pied en suivant le chemin de randonnée pédestre Devens/Creux-du-Van jusqu'à Devens (45 min) | **À savoir** Dans les années 80 déjà, les adeptes néo-druidiques du Dolmen bleu d'Helvétie organisaient des cérémonies sur place.

94 Le vin orange nature

L'autre « Œil-de-perdrix » d'Élodie Kuntzer

L'un des vins les plus connus de la région neuchâteloise porte le nom d'Œil-de-perdrix, en raison de sa couleur ressemblant à l'iris du volatile. À l'instar de plusieurs autres jeunes vignerons romands, Élodie Kuntzer, du Domaine Saint-Sébaste, s'est également lancée depuis 2018 dans la production d'un « vin orange » qui présente des similarités de couleur avec l'Œil-de-perdrix, mais dans des teintes pourtant moins intenses. Même si la cuvée de ce nouveau venu peut être considérée comme un pied de nez à la tradition ancestrale, on décèle dans cette démarche le désir de la jeune génération de produire des « vins nature », c'est-à-dire sans engrais ni pesticides, répondant à des normes plus strictes que les vins biologiques.

D'autres différences sont à noter entre l'Œil-de-perdrix et le vin orange : pour le premier, c'est le pinot noir, un cépage rouge, qui est utilisé. Pour le second, ce sont des variétés de raisin blanc, à savoir le chasselas, le sauvignon, le traminer ou le pinot gris par exemple. Au Festival Vin nature, organisé annuellement par l'association faîtière suisse, la dégustation des différents vins orange romands laisse apparaître de notables différences : le chasselas donne un vin assez léger, le traminer ou le muscat révèlent des arômes fruités. En intensité, la cuvée d'Élodie Kuntzer à base de sauvignon se situe entre le chasselas et le traminer. La vigneronne de Saint-Blaise explique avoir choisi ce cépage, car il offre de larges possibilités avec une palette d'arômes allant du végétal à des saveurs bien plus exotiques, si on le récolte plus tard. Élodie Kuntzer place le pointeur plutôt vers ce dernier côté.

La fermentation du jus se fait ensuite avec la peau et les grains, contrairement à l'Œil-de-perdrix, qui prend sa couleur en cuvant durant une nuitée après la récolte. La présence de la pellicule donnera au vin orange sa teinte, avec des nuances plus intenses pour les cuvées en traminer et pinot gris, dont les grains sont cuivrés.

Adresse Domaine Saint-Sébaste, rue Daniel-Dardel 11, 2072 Saint-Blaise, www.kuntzer.ch | Transports en commun Arrêt CFF Saint-Blaise | Horaires d'ouverture Du lundi au vendredi de 9 h à 12 h et de 13 h 30 à 18 h, le samedi (dégustation gratuite) de 10 h à 12 h | À savoir Le vin orange d'Élodie Kuntzer se marie bien avec des viandes blanches, le fromage et les plats épicés. Comme l'Œil-de-perdrix, c'est un très bon vin d'apéritif.

95 La fontaine de Mario Botta

Un coup de génie de dernière minute

En 2011, les communes de Neuchâtel, Auvernier et Saint-Blaise ont fêté le millénaire de leur première mention historique. Les trois localités sont en effet citées dans un acte de donation du roi de Bourgogne Rodolphe III en faveur de son épouse Irmengarde. À Neuchâtel, les préparatifs commencèrent dès 2006. Un peu plus tard, les édiles de la ville proposèrent aux deux communes voisines de se joindre à un programme commun. Les deux localités refusèrent poliment l'invitation du chef-lieu, et Auvernier commença aussitôt à travailler à sa propre manifestation.

À Saint-Blaise, cependant, les choses prirent du retard, si bien qu'à 7 mois de l'année du jubilé, ses responsables firent circuler une information alarmiste dans le journal local *L'Express* (aujourd'hui *Arcinfo*) : « La commission chargée de préparer les festivités cherche toujours des idées. » Une résignation généralisée semblait avoir gagné la commune.

Le salut vint d'un élu local, François Beljean, président de la commission du Millénaire. Dans son carnet d'adresses figurait une célébrité du lieu, Gilbert Facchinetti, entrepreneur de travaux publics, connu également pour avoir été le président du club de football Neuchâtel Xamax, quand celui-ci tenait la dragée haute au Real Madrid. Facchinetti possédait également une carrière de pierre et avait travaillé avec le célèbre architecte Mario Botta dans le cadre de la construction du centre Dürrenmatt de Neuchâtel. Il frappa donc à la porte de Botta, aussi connu pour avoir bâti le musée d'Art moderne de San Francisco et la cathédrale de la Résurrection à Évry. L'architecte accepta à titre gracieux de dessiner une fontaine à trois roues, qui symbolisent les zéros des 1 000 ans du village. Grâce au soutien de particuliers et d'entreprises, la somme pour sa construction fut rassemblée et l'inauguration put avoir lieu le 3 décembre, *in extremis* durant l'année du jubilé. Et depuis lors, l'imposante fontaine en acier brun est devenue l'une des attractions de la commune.

Adresse Port de Saint-Blaise, 2072 Saint-Blaise | Accès Depuis Neuchâtel, prendre la direction de Bienne en restant sur la route cantonale. À Saint-Blaise, prendre à droite en direction du port | Transports en commun Bus TransN 101/107, arrêt Saint-Blaise – Gare-Lac. Continuer à pied (5 min) | À savoir Une balade des 12 Fontaines de Saint-Blaise, dont le plan peut être téléchargé sur internet, a également été mise sur pied à l'occasion du millénaire.

96 Le moulin du Petit Noyer

Meule de pierre et céréales bios

Chaque dernier week-end de juin, Stéphane et Jacqueline Deytard invitent clients et public intéressé à découvrir leurs champs et leur moulin. Depuis 10 ans, ils font partie des acteurs dynamiques de la révolution biologique et accueillent tout au long de l'année les acheteurs dans leur magasin à la ferme. Stéphane Deytard est également président de l'association Graines et pains, qui réunit une trentaine de paysans, meuniers et boulangers.

Lors des portes ouvertes, les participants prennent place sur des charrettes attelées au tracteur. Le voyage mène à travers les beaux champs de céréales en fleurs. Les Deytard cultivent plusieurs variétés modernes et anciennes comme l'amidonnier, l'engrain ou le blé rouge de Bordeaux. Durant la tournée, une halte permet de découvrir comment sont préparés les engrais à micro-organismes qui contribuent à compenser la suppression des produits phytosanitaires et à conserver un bon équilibre du sol. Arrivés à la ferme, les visiteurs sont captivés par le moulin à meule de pierre. Toutes les céréales récoltées sur le domaine y sont broyées. Ce système écrase l'amande tout en conservant le germe, ce qui permet d'obtenir une farine plus riche en vitamines et minéraux.

Des boulangers font bien sûr partie de la clientèle, mais, depuis le confinement, de plus en plus de particuliers cuisent leur pain à la maison. À côté des différentes farines, le magasin du Petit Noyer propose également des pâtes faites à partir des céréales du domaine. Lors de l'ébouillantage des coquillettes à l'amidonnier se dégage immédiatement un bel effluve de graminées. Au lieu d'y ajouter de l'huile d'olive, Jacqueline Deytard conseille de jouer la carte locale en choisissant le colza. Cette huile est également produite au domaine, comme celle de tournesol et de noix. Enfin, les farines du domaine sont utilisées pour confectionner les « Délices de la Molière » aux bonnes saveurs de biscuits complets et dont on apprécie le peu de sucre ajouté.

Adresse Route d'Épendes 4, 1433 Suchy, www.fermealanoix.ch | **Accès** Depuis Yverdon, prendre la route cantonale en direction de Lausanne et suivre Épendes, puis Suchy | **Transports en commun** Car postal 675, arrêt Suchy-Village | **À savoir** Suchy possède un joli château d'eau qui fait l'objet d'un projet de rénovation en centre culturel.

97 Le gâteau du Vully

Une tradition instituée par des sociétés féminines

Le gâteau du Vully est une délicieuse gourmandise faite d'un fond de pâte levée recouverte d'un mélange de beurre, sucre et crème. Traditionnellement, il existe une variante sucrée et une salée, garnie de lardons et parfois de cumin. Ces deux gâteaux font le succès de la Boulangerie Guillaume, à Sugiez.

Dans la région, il existe pourtant une autre manière de découvrir le gâteau, et celle-ci est intimement liée à son histoire. À l'origine, les gâteaux étaient préparés à l'occasion des kermesses annuelles paroissiales par des « sociétés de couture », dont les membres féminins se rencontraient régulièrement en hiver pour tricoter, broder et discuter. Ils étaient ensuite cuits dans les fours à bois publics – plusieurs existent aujourd'hui encore – et l'argent récolté était versé à la paroisse.

La version modernisée de ces ventes perpétue la tradition. Prenez l'exemple de Lugnorre, un village à quelques kilomètres de Sugiez. Ici, le groupement des dames propose quatre fois par an quelque 400 gâteaux artisanaux. Les dates sont annoncées sur les réseaux sociaux, sur la page baptisée « Gâteau Vully Tradition ». Le jour dit, dès le milieu de la nuit, une équipe de 15 personnes s'affaire autour du four pour que la vente puisse commencer à l'aube. Et à 10 heures, toute la production est écoulée. La tradition caritative est également maintenue, puisque tout le monde travaille bénévolement. Ainsi, les paroisses, mais également des homes, des associations de samaritains ou des écoles de musique profitent d'un petit coup de pouce. De nombreux villages du Vully possèdent des associations semblables, qui perpétuent cette tradition. Et comme la région se partage entre deux cantons, le gâteau se décline principalement en deux versions régionales. Étant donné sa situation géographique, la Boulangerie Guillaume propose naturellement le gâteau du Vully fribourgeois, qui, contrairement à la version vaudoise, comporte des petits trous en surface, appelés « puits d'amour ».

Adresse Boulangerie Guillaume, route du Péage 21, 1786 Sugiez, www.boulangerie-guillaume.ch | **Accès** Prendre l'A1, sortie Morat et suivre Neuchâtel. Au giratoire de Sugiez, suivre l'indicateur « Village » | **Transports en commun** Boulangerie et *tea room* : du mardi au vendredi de 6 h à 18 h 30, le samedi et le dimanche de 6 h à 18 h | **À savoir** D'autres villages du Vully (Nant, Mur, Chabrey…) préparent une à deux fois l'an cette spécialité. Les dates de mise en vente sont publiées sur l'agenda de l'office du tourisme.

98 Le pont Rotary

On y danse, on y danse

Lors de l'inauguration en 2001 du pont Rotary, qui enjambe la Broye près du camping Les Trois Lacs, des élèves du Mont-Vully, situé sur la rive romande du cours d'eau, et ceux d'Anet, sur la rive alémanique, se sont joints pour entonner une adaptation de la célèbre chanson dédiée à la cité des Papes : « Sur le pont de la Broye, on y danse, on y danse… »

À l'origine, le pont a été imaginé pour améliorer la sécurité de la mobilité douce entre les différents sites de l'Exposition nationale de 2002 (Bienne, Neuchâtel, Yverdon et Morat). Il est également devenu un point de passage de la route cyclable n° 5, qui traverse le pays. Le lieu est aussi symbolique puisqu'un pont avait déjà été construit par les Celtes près de l'emplacement actuel. Le matériau privilégié des civilisations antiques, à savoir le bois, a été choisi pour donner vie à ce nouveau pont. Les plans de la construction de 218 mètres en mélèze, chêne et épicéa ont été dessinés par trois jeunes étudiants de l'École suisse des ingénieurs du bois de Bienne.

Le financement a été tripartite : sur un budget de 2,7 millions de francs, un cinquième a été couvert par le Rotary Club – raison pour laquelle l'ouvrage porte le nom de l'association philanthropique. Près de la moitié a été prise en charge dans le cadre du budget de l'exposition nationale. Finalement, ce sont les cantons et les communes, ainsi que des fondations et l'association de l'économie du bois, Lignum, qui ont couvert le reste des dépenses. Après une bonne vingtaine d'années de bons et loyaux services, le pont nécessitait une grande rénovation. Des travaux ont été entrepris en 2022 : la barrière en mélèze a été entièrement refaite, des plaques en tôle ont été ajoutées sur les bords pour plus de solidité… Ce *lifting* a coûté 800 000 francs, principalement pris en charge par les communes avoisinantes. Cette dépense est également considérée comme un investissement pour le tourisme : le pont est l'une des attractions du parcours cycliste.

Adresse Camping Les Trois Lacs, route du Canal 2, 1786 Sugiez | **Accès** Depuis Neuchâtel, prendre la direction de Berne et suivre Morat. Avant Sugiez, prendre à droite jusqu'au camping Les Trois Lacs | **Transports en commun** Arrêt CFF Sugiez. À la belle saison, en bateau depuis Neuchâtel ou Morat jusqu'au camping Les Trois Lacs | **À savoir** Le restaurant en libre-service du camping, à un jet de pierre du pont, est ouvert d'avril à octobre.

99 La Borcarderie

Conciliabules au château

Nicole Heusch, propriétaire avec deux autres descendants de la famille de Montmollin du château de la Borcarderie, se souvient des promenades d'été dans la forêt avec son grand-père. L'histoire la plus incroyable qu'il racontait était celle d'Auguste de Montmollin, dont le portrait est suspendu à côté d'autres illustres aïeux dans la salle à manger du château. Avec des cheveux légèrement bouclés et des favoris, un regard aux yeux bruns paisible, la quiétude du personnage contraste avec son histoire.

Les faits remontent à 1856 : à l'époque, toutes les républiques avaient été renversées en Europe, sauf celle de Neuchâtel. Durant l'été, Auguste surprit à la Borcarderie un conciliabule de notables désirant remettre à la tête du canton le roi de Prusse, qui avait régné jusqu'en 1848. Le soulèvement du 3 septembre, auquel Auguste participa avec des sentiments partagés, a bien failli dégénérer en conflit mondial, mais il tourna en faveur des Confédérés. À l'arrivée des troupes républicaines au château de Neuchâtel, occupé par les royalistes, Auguste se cacha dans un grenier, mais finit par être arrêté. Il fut condamné à une peine d'une année de prison et à deux années de bannissement avant de revenir à la Borcarderie.

Au-delà de l'épisode de 1856, le château, construit sur une parcelle relativement isolée, semble avoir été particulièrement adapté à la tenue de discrets pourparlers diplomatiques, souvent indispensables pour les hommes de pouvoir. La famille de Montmollin a constitué une véritable dynastie gouvernante dans la région, et ses représentants se sont souvent rangés aux côtés des rois de Prusse. Nicole Heusch rappelle les forts liens de plusieurs membres de sa famille avec l'Allemagne, au-delà des considérations politiques. Son arrière-grand-mère était issue de l'illustre famille von Pannewitz, son arrière-grand-père fut engagé comme médecin militaire au service du roi de Prusse et son grand-père a achevé ses études de chimiste à Munich.

Adresse La Borcarderie 3, 2042 Valangin | Accès Depuis Neuchâtel, prendre la semi-autoroute en direction de La Chaux-de-Fonds et sortir à Valangin. Prendre à droite au centre du village et continuer sur environ 1 kilomètre | Transports en commun Bus TransN 422, arrêt Valangin–La-Borcarderie | À savoir Le château est bien visible depuis la route Valangin-Dombresson. La propriété est privée et n'est pas ouverte au public.

100_Atelier pour le Papier

Un savoir-faire préservé dans une ville du livre

Au XVIIIe siècle, Yverdon a connu un riche foisonnement culturel grâce à quelques enfants du pays revenus de l'étranger après de belles carrières, ainsi qu'à l'arrivée de plusieurs intellectuels de renom, dont l'éditeur Fortuné Barthélémy de Félice. Ce dernier imprima ici, entre 1770 et 1780, l'Encyclopédie d'Yverdon en 58 volumes, une adaptation de celle de Diderot. Voltaire signifia clairement sa préférence : « Pour moi, je sais bien que j'achèterai l'édition d'Yverdon et non l'autre. »

Dans cette ville au riche passé éditorial, Florane Gindroz Iseli a ouvert un atelier où elle répare des ouvrages d'institutions ou de particuliers après avoir œuvré durant 9 ans au sein du pôle restauration de la Bibliothèque de Genève. Elle anime également des visites lors d'événements ponctuels, comme les journées des métiers d'art ou de la conservation-restauration et propose des ateliers autour des livres ou du papier.

Le métier comporte de nombreuses facettes qu'illustrent les différents outils et installations présents dans l'atelier. L'une des tâches récurrentes est la réparation de dos d'ouvrages endommagés. Selon le principe « mieux vaut prévenir que guérir », Florane Gindroz Iseli conseille d'ouvrir les livres précieux avec précaution, en limitant l'angle avec des cales en mousse. Bien sûr, la qualité de la matière première joue un rôle sur la santé d'un livre dans la durée : pour l'Encyclopédie d'Yverdon, imprimée au XVIIIe siècle, a été utilisé du papier préparé selon les méthodes anciennes, à savoir avec des chiffons de chanvre, de lin ou de coton, garantissant des fibres de bonne qualité. Avec l'industrialisation et l'introduction, entre autres, du papier fabriqué avec de la pâte de bois vers 1850, la qualité de la matière s'est nettement appauvrie : pertes mécaniques, friabilité, acidité ou encore jaunissement apparaissent. Les dégradations sont plus fréquentes et le besoin d'intervention augmente.

Adresse Rue Neuve 2, 1400 Yverdon-les-Bains, www.atelierpourlepapier.ch | Accès Depuis la gare d'Yverdon, passer devant le théâtre Benno-Besson, puis continuer sur l'avenue Haldimand et prendre à droite (10 min) | À savoir La maison où de Félice a imprimé l'Encyclopédie d'Yverdon existe toujours. Elle se trouve à proximité de la gare, à la rue du Lac 45.

101 Le Black Lodge

La cuisine du Nouveau Monde

Bastien vient du nord de la France. Isabelle a grandi près d'Yverdon. Ils se sont rencontrés dans un établissement où ils étaient tous deux employés. Depuis 2008, ils gèrent ensemble Le Double R et ont repris Le Black Lodge en 2020, à quelques mètres de leur premier local. Les noms des deux endroits sont inspirés de la série *Twin Peaks* ; Isabelle, professionnelle de la restauration depuis 25 ans, présente fièrement la salle supérieure du Black Lodge qui reprend les codes couleur de la série de David Lynch, rideau rouge et décoration en zigzag !

Si les noms des restaurants sont tous deux liés à la saga culte, la cuisine d'inspiration américaine unit également Le Double R et Le Black Lodge. Alors que le premier propose uniquement des burgers maison, le second y ajoute d'autres standards venus des États-Unis : ribs, poulet frit, hot-dogs, bowls hawaïens… Pour Le Black Lodge, Bastien et Isabelle ont poussé encore plus loin le concept du burger gastronomique. À la carte, on trouve par exemple des pains ronds garnis de bœuf wagyu ou de pastrami. Pour cette dernière variante, il s'agit d'une spécialité new-yorkaise de palette de bœuf, plongée dans une saumure pendant environ 2 semaines, épicée, cuite à la vapeur, puis grillée et enfin coupée très finement à la manière d'un carpaccio. Bien sûr, les deux établissements servent leur burger phare, qui a contribué à leur réputation : le « Sergent Jack Pepper », avec sa sauce au poivre et au Jack Daniel's, gruyère fondu et oignons caramélisés.

Si les associés proposent des mets de l'autre bout du monde, les producteurs, eux, sont bien locaux. Les bœufs wagyu, par exemple, sont élevés à Tramelan, dans le Jura bernois. L'inspiration pour la cuisine américaine vient, quant à elle, d'un souvenir d'enfance. En effet, Bastien a grandi près de l'Angleterre, il a donc toujours baigné dans la cuisine anglo-saxonne. La sauce barbecue préparée en famille lui est restée en mémoire et il s'était promis qu'un jour, il en ferait son métier pour en proposer à son tour.

Adresse Rue des Casernes 5, 1400 Yverdon-les-Bains | Accès Depuis la gare d'Yverdon-les-Bains, marcher en direction du canal de la Thielle, puis remonter la rivière. Le restaurant se trouve à droite de l'ancienne caserne (5 min) | Horaires d'ouverture Du mardi au samedi de 11 h à 13 h 30 et de 18 h à 21 h 30. Bar ouvert l'après-midi et en soirée | À savoir C'est un boucher juif qui aurait lancé le pastrami à New York, en suivant la recette d'un immigrant roumain.

102 La Ferme

Une carte de visite des produits du terroir

Alors que j'étais en pleine discussion avec Gérard Roy, fondateur et gérant de La Ferme, un client suisse alémanique s'est approché pour le féliciter du très bel assortiment de produits, élégamment mis en valeur au rez-de-chaussée d'une maison patricienne. Ce monsieur savait de quoi il parlait, lui qui avait été responsable du rayon délicatesses d'une grande enseigne zurichoise !

Pour celles et ceux qui veulent découvrir les produits du terroir de la région, La Ferme est certainement la bonne porte d'entrée. Les établissements agricoles qui font de la vente directe ne proposent pas tout, constate Gérard Roy. Ici, en revanche, ce sont 120 producteurs qui viennent agrémenter l'offre – leurs photos figurent d'ailleurs fièrement à l'entrée du magasin, au-dessus des étals de légumes. Ce sont eux les vraies stars. Plus loin sont présentés les produits laitiers, la viande, le vin, les biscuits… Régulièrement, de nouveaux candidats apportent leurs produits, comme ce producteur d'oignons et de pommes de terre qui vient de se lancer parallèlement dans la culture de morilles. Les échantillons sont goûtés par l'équipe ; les vendeuses, au goût solide, ont aussi leur mot à dire, puisque ce sont elles qui conseillent les clients.

Quand on demande à Gérard Roy quels produits du terroir il conseille à celles et ceux qui désirent découvrir la région, il n'hésite pas : le gruyère et le vin de chasselas, le cépage blanc le plus répandu dans la région. La Fromagerie de Pomy approvisionne le magasin en gruyère de plaine. Pour les fromages d'altitude, Gérard Roy se met chaque année à la recherche des meilleurs pâturages des alentours. « C'est un plaisir d'avoir des alpages de la région, le Jura produit de pures merveilles », note-t-il. Devant tant de bonnes choses, l'idée de les offrir traverse l'esprit de bon nombre de clients. Heureusement, La Ferme confectionne des paniers garnis : la sélection des produits peut être proposée par les vendeuses ou les clients font le choix par eux-mêmes.

Adresse Rue de la Plaine 15, 1400 Yverdon-les-Bains, www.lafermeyverdon.ch | Accès Depuis la gare d'Yverdon-les-Bains, traverser la place, prendre à droite sur la rue du Casino et continuer sur la rue de la Plaine | Horaires d'ouverture Le lundi de 14 h à 18 h 30, du mardi au jeudi de 8 h 30 à 12 h 15 et de 13 h 30 à 18 h 30, le vendredi de 8 h 30 à 18 h 30, le samedi de 8 h 30 à 17 h | À savoir Les vendeuses connaissent les produits par cœur… elles sont épouses d'agriculteurs !

103_Gerber Wyss

Pains et gourmandises de qualité ancestrale

Pour une boulangerie-pâtisserie proposant du pain fait avec des farines artisanales, le lieu ne pouvait pas être mieux trouvé : une ancienne maison qui hébergeait un four banal – l'alcôve existe encore. C'est autour d'une rondelle géante d'un orme bicentenaire que l'on peut prendre un café et déguster les produits de la maison. Depuis l'époque du four, les ingrédients ici sont à peu près restés les mêmes, au contraire des recettes industrielles. Ce qui change aujourd'hui, ce sont les machines, les pétrins et les fours modernes qui déchargent les employés, explique Severin Gerber, boulanger et cofondateur de l'enseigne avec ses associés Grégory et Laurena Wyss.

Outre la qualité des ingrédients d'origine biologique, la présentation fait également l'objet d'efforts particuliers. Le pain de campagne se prête à de belles décorations, idéal pour les grandes tablées de jours de fête. En le rompant, on est enrobé de beaux effluves et sa mie dense se conserve parfaitement durant plusieurs jours. Si l'épeautre et l'amidonnier sont principalement utilisés pour les pains, c'est un blé biologique, écrasé sous meule de pierre, qui vient sublimer les viennoiseries et les biscuits. Mention particulière pour le chausson aux pommes, où la pâte feuilletée croquante enrobe une garniture exquise.

Pour les cadeaux, on conseillera les biscuits du P'tit Jules, un assortiment de sablés qui diffusent une gourmande odeur de beurre biologique à l'ouverture de la boîte. Les sandwiches jambon sont également généreusement beurrés, pour un en-cas très complet. Côté chocolat, petit coup de cœur pour les pralinés fruits de la passion et chocolat blanc-citron, sans oublier les rochers aux amandes, qui dégagent en bouche une impression de grande fraîcheur.

Une sélection de ces produits est également proposée au *tea room* Chez Lili-Rose, géré par l'enseigne juste à côté de la boulangerie, ainsi qu'au restaurant gastronomique tenu à quelques dizaines de mètres par le même trio fondateur.

Adresse Rue du Four 15, 1400 Yverdon-les-Bains, www.gerberwyss.ch | **Accès** Depuis la gare d'Yverdon-les-Bains, traverser la place de la gare, passer deux arcades jusqu'à la rue du Four (5 min) | **Horaires d'ouverture** Boulangerie : du mardi au vendredi de 6 h 30 à 18 h, le samedi de 7 h à 16 h, le dimanche de 7 h à 12 h | **À savoir** Le bâtiment du restaurant gastronomique ouvert par les fondateurs de la boulangerie-pâtisserie a été précédemment utilisé comme grenier de la ville.

104 La Maison d'Ailleurs

Une prison promue musée de l'Évasion

Organisée à la Maison d'Ailleurs, l'exposition « Révolte » a pris des allures de révolution ! Dans le bâtiment des anciennes prisons de la ville d'Yverdon réaffecté en musée en 1991, les visiteurs étaient invités à taguer de grands panneaux de papier. À plusieurs reprises durant la manifestation, victimes de leur succès, ils durent être changés, car remplis assidûment de textes et de dessins. L'invitation a été élargie à d'autres activités considérées comme rebelles, telles que des séances de tatouage. Le dénominateur commun de ces activités ? Elles procédaient de la « culture populaire », « celle que tout le monde connaît », en contraste à celle souvent institutionnelle des musées.

La Maison d'Ailleurs est née en 1976 du don de 50 000 livres, dont 10 000 dédiés à la science-fiction, de Pierre Versins, spécialiste français en la matière qui s'était installé en Suisse après la guerre. « Ailleurs » était le nom d'une revue qu'il avait lancée à Lausanne en 1957. Il rédigea également la première encyclopédie francophone sur la science-fiction, un pavé de près de 1 000 pages.

À ce fonds s'est ajouté en 2003 celui de Jean-Michel Margot, consacré à l'écrivain Jules Verne. Les documents les plus précieux sont présentés aujourd'hui dans une annexe du musée, l'ancien casino-théâtre d'Yverdon, relié au bâtiment principal par une passerelle. Ici sont également organisées des expositions sur des jouets en relation avec les thèmes de la science-fiction, qui eux occupent l'autre bâtiment. Pour chaque nouvelle manifestation, une idée est soumise à l'ensemble des collaborateurs, qui sont appelés à développer divers aspects de la thématique. Cette démocratisation contraste avec les origines de la Maison, comme les œuvres des artistes futuristes exposées dans d'anciennes cellules de 10 mètres carrés. Une démarche que ne renierait pas Pierre Versins, impliqué dans la Résistance et déporté à Auschwitz en 1944 : se projeter dans le futur était pour lui la seule manière de supporter la détention.

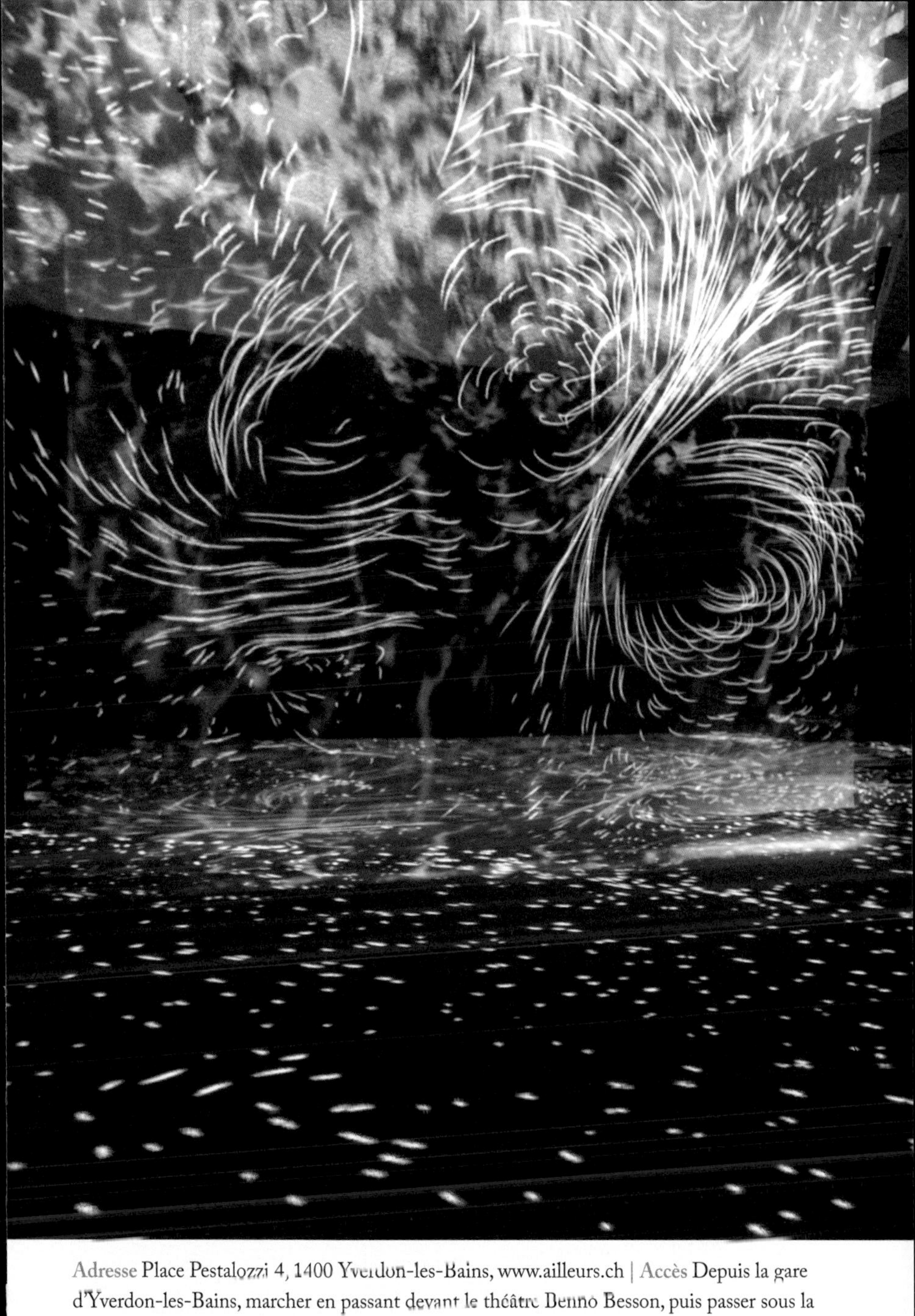

Adresse Place Pestalozzi 4, 1400 Yverdon-les-Bains, www.ailleurs.ch | Accès Depuis la gare d'Yverdon-les-Bains, marcher en passant devant le théâtre Benno Besson, puis passer sous la passerelle futuriste du musée pour accéder à l'entrée (5 min) | Horaires d'ouverture Du mardi au dimanche ainsi que les jours fériés (25 décembre et 1er janvier exceptés) de 11 h à 18 h | À savoir En face du musée, le Restaurant du Château propose des plats italiens, qui ravissent petits et grands.

105 Les menhirs de Clendy

Une cathédrale de 45 pierres dressées

« Le groupe de pierres n'a pas moins de valeur qu'une cathédrale gothique ou un tableau de Léonard de Vinci », proclame l'anthropologue Kurt Derungs dans son livre *Mythes et lieux de culte au pays des Trois-Lacs*. Il s'insurge également contre les visiteurs indélicats qui ne respectent pas la propreté du site. Lors de ma visite automnale, le champ de mégalithes ne présentait pourtant aucun signe de vandalisme.

Avec ses 45 pierres dressées, Clendy est le site le plus important de Suisse, qui figure à coup sûr dans chaque monographie internationale spécialisée consacrée aux menhirs. On y observe un alignement central de 17 pierres et une lignée au nord de 13 pierres sur une surface de 50 mètres sur 110. Au sud se dressent quelques groupes, tous composés d'un grand menhir fusiforme accompagné de quelques pierres de plus petite taille, donnant des airs de « familles ». Archéologues et anthropologues s'accordent sur le fait qu'il s'agissait d'un lieu de rassemblement à caractère rituel. Kurt Derungs s'avance un peu plus en affirmant que les pierres ont été dressées en l'honneur des ancêtres des locaux et que l'on venait ici tenir conseil. À partir de 4 500 avant J.-C., les pierres ont certainement été installées individuellement ou en groupes à des périodes espacées, ce qui serait cohérent avec le culte de morts successives. Pourtant, aucune sépulture n'y a été retrouvée. L'ensemble a ensuite été abandonné vers 850 avant J.-C., probablement en raison d'une soudaine montée des eaux.

Heureusement, il a été redécouvert lors de la première correction des eaux du Jura, qui a entraîné l'abaissement du niveau du lac de Neuchâtel d'environ 2,7 mètres. Si l'ensemble n'a été, dans un premier temps, que consigné par un architecte yverdonnois comme « un groupement de pierres ayant été déplacé par des humains », en 1887, il a été classé comme vestige préhistorique un siècle plus tard grâce aux recherches de l'archéologue Jean-Claude Voruz. Les pierres ont alors pu être redressées.

Adresse Chemin des Grèves-de-Clendy, 1400 Yverdon-les-Bains | **Transports en commun** Bus Travys 601/603, arrêt Yverdon-les-Bains – Clendy. Continuer à pied en direction du lac, puis poursuivre sur le chemin des Grèves-de-Clendy. Le site se trouve sur la droite | **À savoir** Certains menhirs présentent des traits à l'apparence humaine (silhouette, raie de cheveux).

106_La Rotonde

Bienvenue à Byzance-les-Bains

Avec son élégante coupole d'inspiration byzantine, La Rotonde confère une note de prestige au quartier des Bains d'Yverdon. Après quelques marches, on accède au vestibule coiffé de la fameuse coupole et qui fait office de bar aujourd'hui. À gauche s'ouvre une grande salle rococo bordée d'une terrasse, avec vue sur les bassins thermaux. Ici sont servis des mets de brasserie : tartare, entrecôte parisienne, salades composées… ainsi qu'un plat du jour, que l'on peut accompagner d'une entrée et d'un dessert. L'élégante salle à droite du vestibule est occupée par le restaurant La Rotonde, qui apporte une touche gastronomique. Ici, un coup d'œil aux colonnes et aux plafonds s'impose. Les motifs floraux ont été peints par Joseph Ferrero, un artiste piémontais installé à Genève.

La construction de l'ensemble a été initiée par Gustave Emery, qui avait repris le site hôtelier en 1878. Il engagea alors l'architecte lausannois Henri Verrey, qui, après des études à Stuttgart, avait perfectionné sa technique auprès de Gottfried Semper, l'architecte de l'opéra de Dresde. Après avoir dessiné les plans de nombreuses réalisations hôtelières en Suisse et à l'étranger, il s'est inspiré des infrastructures montreusiennes pour Yverdon.

Afin de compléter l'offre touristique stimulée par la nouvelle construction, la municipalité ouvrit un café-théâtre au centre-ville. Les édiles désiraient ainsi attirer les touristes avec une offre complète : thermalisme, gastronomie et spectacles. Dans le sillage de ce nouvel élan, La Rotonde a ensuite fait l'objet d'une grande rénovation entre 1987 et 1989, une dizaine d'années après avoir été classée et protégée par des lois cantonales. Aujourd'hui, le centre accueille des visiteurs désirant profiter de la quiétude des lieux. Des sociétés ou organismes choisissent également cet endroit pour y organiser des séminaires et conférences, durant lesquels les participants peuvent aller se relaxer aux bains ou profiter des services de soins prodigués sur place.

Adresse Avenue des Bains 22, 1400 Yverdon-les-Bains, +41 (0) 24 424 64 64, www.bainsyverdon.ch | **Transports en commun** Bus Travys 603/604, arrêt Yverdon-les-Bains Les-Bains | **Horaires d'ouverture** Brasserie : du lundi au samedi de 12 h à 14 h et de 18 h 30 à 21 h 30. La Rotonde : le vendredi et le samedi de 18 h 30 à 20 h 30, le dimanche de 12 h à 14 h | **À savoir** Les sources sulfureuses d'Yverdon-les Bains étaient déjà appréciées du temps des Romains.

107_Souvenirs d'Expo.02

Les visiteurs planaient ici dans un nuage

Des plaques commémoratives ont été installées pour marquer le vingtième anniversaire d'Expo.02, l'exposition nationale suisse organisée dans la région des trois lacs Neuchâtel-Bienne-Morat, comme ici à Yverdon. On y rappelle que l'événement a fait plus de 10 millions d'entrées : les visiteurs sont venus en moyenne 2,4 fois, ce sont donc 4,2 millions de personnes – la moitié du pays ! – qui ont fait le déplacement. L'occasion unique pour la région de se mettre en avant.

À Yverdon, l'arteplage – le nom choisi pour les constructions sur l'eau accueillant des pavillons d'exposition – était constitué d'un échafaudage de 100 mètres par 60 par 18. Après avoir enfilé une pèlerine pour ceux qui le désiraient, les visiteurs pénétraient dans un nuage créé par 31 400 buses qui pulvérisaient de l'eau pompée dans le lac. L'installation resta en mémoire de beaucoup de visiteurs. Dans un beau livre, Ruedi Rast, directeur technique de l'Expo.02, rappelle que l'installation avait été conçue au départ comme « fragile et éphémère », mais de nombreuses voix se sont élevées pour la conserver, à l'instar du cube monumental signé Jean Nouvel placé sur le lac de Bienne. Malgré la ferveur populaire, l'échafaudage du nuage fut dynamité et le métal du cube de l'architecte star, fondu. Une sphère en bois présentée à Neuchâtel et baptisée *Palais de l'Équilibre* fut tout de même sauvée pour devenir le Globe de la science et de l'innovation du CERN (Centre européen de recherches nucléaires) à Genève.

Après l'exposition s'est posée la question du réaménagement des surfaces. Si cette discussion est encore en cours sur d'autres sites, Yverdon a inauguré le parc des Rives en 2007 déjà. Plusieurs installations sportives (volley, basket, ping-pong), ainsi que des espaces de jeux et de pique-nique ont été aménagés. Chaque été, par beau temps, les terrasses de La Dérivée s'ouvrent à des animations et des cours. L'association propose également des sorties en bateau solaire sur la Thielle et au bout du lac.

Adresse Parc des Rives, 1400 Yverdon-les-Bains | **Transports en commun** Bus Travys 605, arrêt Yverdon – La-Marive | **À savoir** Au bord du parc des Rives, sur la Thielle, est amarré le bateau *Idée suisse*, qui avait été aménagé en studio de télévision durant l'exposition nationale.

108 La Thielle renaturée

Rendre à la rivière sa liberté

En consultant la carte nationale suisse sur internet, il est possible de remonter dans le temps grâce aux plans historiques qui ont été numérisés en superposition. En choisissant les années 1892 et 1893 pour le secteur de l'embouchure de la Thielle à Yverdon, vous pourrez constater que le cours diffère complètement : un tracé dérivant légèrement vers le sud, poursuivi par un contour sinueux bordé de surfaces marécageuses, devient l'année suivante un canal rectiligne menant directement au lac. Les chantiers, intervenus après la première correction des eaux du Jura (1868-1891), n'ont toutefois pas totalement réussi à dompter la rivière et les inondations continuèrent d'être fréquentes.

Il a ainsi été décidé, il y a quelques années, de renaturer un segment de 1,8 kilomètre dans le secteur à proximité de l'aérodrome d'Yverdon. La rivière retrouva un peu de la liberté dont elle jouissait auparavant : son lit fut élargi et des bras secondaires aménagés. Le cours d'eau s'est toutefois vu imposer un corset : près de 7 kilomètres de digues ont été réaménagés et rehaussés. Dans le cadre des travaux, des mesures favorables au développement de la biodiversité furent également déployées, avec, par exemple, la planification d'endroits propices au frai ou au nourrissage des poissons. Les nombreux arbustes offrent également des habitats aux oiseaux, reptiles ou insectes.

Ces aménagements sont accompagnés d'un projet annexe sur une surface adjacente. Chaque année, durant quelques mois, au printemps ou à l'automne, des champs d'environ 5 hectares sont inondés de 10 à 15 centimètres d'eau afin d'inciter les limicoles, petits échassiers qui évoluent dans des milieux humides, à venir s'y poser. La parcelle devient un véritable restoroute pour les oiseaux migrant au printemps d'Afrique vers la Scandinavie, et en sens inverse à l'automne. Plusieurs espèces rares y ont déjà été observées, comme le vanneau huppé, le bécasseau de Temminck ou la bécassine sourde.

Adresse Chemin de l'Aérodrome, 1400 Yverdon-les-Bains, www.cocales-limicoles-agriculture.ch | **Accès** Depuis Yverdon, suivre Vallée de Joux/Orbe, tourner à gauche sur le chemin du Maréchat, se parquer le long des jardins familiaux avant le deuxième pont | **Transports en commun** Bus Travys 604, arrêt Yverdon – Les-Moulins | **À savoir** Plusieurs secteurs d'autres cours d'eau ont été renaturés autour du lac de Neuchâtel, comme le Seyon, aux Prés-Maréchaux, près d'Engollon.

109 La Baumaz

La prophétie de Goethe s'est réalisée

Sur les hauteurs entre Yvonand et Cheyres, au milieu des champs, un banc a été installé à côté d'un vénérable tilleul. Au coucher du soleil, des jeunes de la région aiment s'y poser pour profiter de la vue époustouflante sur le lac et la baie. En plus du cadre exceptionnel, le site a connu un destin incroyable, qui fera bientôt l'objet d'un panneau préparé par un historien de la région.

Au centre de cette histoire, le plus célèbre écrivain et poète allemand : Johann Wolfgang von Goethe. Après une visite sur place, il écrivit le 21 octobre 1779 à son amie Charlotte von Stein : « les Suisses font cas de cela comme des cochons ». Pour comprendre, asseyons-nous sur le banc face au lac et regardons sur notre droite. Ici, sur une surface de 80 mètres de longueur sur 35 mètres de profondeur, s'étendait entre le Ier et le IVe siècle une majestueuse villa romaine en terrasses. Il ne reste de l'édifice que quelques débris de tuiles entre les lignées de betteraves – le reste a été utilisé pour construire maisons et églises.

Quand Goethe arriva sur place, il n'y avait qu'une petite baraque pour protéger une belle mosaïque romaine de 5 mètres par 5, découverte une année plus tôt, et au centre de laquelle était représenté Orphée, charmant avec sa lyre les animaux sauvages en cercle autour de lui. Le poète put profiter de cette œuvre, dont on ne connaît aujourd'hui les traits que grâce à deux dessins réalisés peu après sa découverte. Le prestigieux voyageur constata pourtant que la mosaïque était mal protégée et qu'elle commençait à tomber en décrépitude, d'où son emportement épistolaire. Peu de temps après, le site fut saccagé, vraisemblablement par des brigands à la recherche d'un trésor. En 1911, les vestiges furent à nouveau fouillés et le pourtour de la mosaïque – la partie représentant Orphée avait disparu – fut réparti entre plusieurs institutions vaudoises et fribourgeoises. Mauvaise protection du site, pillage, dépeçage… L'histoire a malheureusement donné raison au poète allemand.

Adresse La Baumaz, 1462 Yvonand | Accès Depuis Cheyres, prendre direction Yvonand. Après l'église de Cheyres, au grand panneau brun « Yvonand Région », se garer de l'autre côté de la route et monter à pied | Transports en commun Depuis la gare d'Yvonand, marcher en direction de Cheyres. À la fin du village, prendre les chemins agricoles (30 min) | À savoir À Mordagne, un hameau à côté d'Yvonand, s'élevait une autre villa romaine détruite. La propriété s'étendait sur environ 500 mètres à son apogée !

110 L'embouchure de la Menthue

Une perle de rivière

La Menthue (ou Mentue) fait partie des 64 « perles de rivière » sélectionnées dans toute la Suisse. L'organisation de protection de la nature WWF a ainsi voulu distinguer des cours d'eau très proches de l'état naturel, qui n'ont pas fait l'objet de constructions intrusives (renforcement des berges, exploitation hydraulique…) et qui abritent une biodiversité correspondant au site. Les 46 kilomètres de ce cours d'eau, qui prend sa source dans les bois du Jorat au-dessus de Lausanne, répondent à ces critères – le dernier tronçon de 3 kilomètres, le seul en plaine, est, lui, classé comme « extrêmement précieux » par le WWF.

Près de son embouchure, la rivière forme un delta. De grandes bandes d'herbe aménagées invitent à se poser à même le sol ou sur un banc installé à l'extrémité du chemin. Le coin représente également un paradis caché pour les ornithologues. Selon un article du groupe de jeunes de l'association Nos Oiseaux, l'endroit « constitue un site moins connu, mais qui mérite d'autant plus d'être visité ».

Le spectacle commence en hiver. Le coude que constitue le delta dans le lac forme un butoir qui arrête les bécasseaux et autres canards en migration postnuptiale. Jusqu'à 10 000 oiseaux (nettes rousses, fuligules milouins et morillons…) se rassemblent, pour la majorité un peu plus à l'est, près de Crevel. Dans la baie, les hauts fonds leur permettent de trouver de la nourriture en quantité. Dès mars, le nombre de canards diminue, mais la diversité augmente. Ensuite, début avril, les migrateurs commencent à arriver ; ils font halte également durant leur voyage retour vers le sud à partir du mois d'août. La diversité et la richesse biologiques du site ne se limitent pas seulement aux oiseaux. Ainsi, les truites lacustres, aussi appelées truites fario, une espèce de grande valeur naturelle aux beaux reflets argentés, remontent le cours d'eau entre octobre et décembre depuis le lac pour aller se reproduire.

Adresse Embouchure de la Menthue, 1462 Yvonand | **Accès** Depuis Yverdon-les-Bains, suivre Yvonand. Se garer sur le parking de la gare | **Transports en commun** Arrêt CFF Yvonand-Gare. Continuer à pied en direction d'Yverdon-les-Bains, puis, après avoir rejoint la Menthue, suivre la rivière jusqu'au bord du lac (20 min) | **À savoir** De l'autre côté du delta se trouvent le camping et la belle plage d'Yvonand.

111 Les hérons cendrés

Leurs Majestés du lac

Les hérons sont de graciles oiseaux qui se rencontrent plus souvent de nos jours au bord du lac qu'il y a quelques dizaines d'années. En effet, pendant un temps, ils ont été chassés, car ils faisaient concurrence aux pêcheurs. Aujourd'hui, ils sont protégés, et la plateforme paysagère d'Yvonand se prête bien à leur observation, puisqu'une colonie d'une quinzaine de couples réside à proximité. Les autres espèces de la famille des ardéidés sont le héron pourpré, la grande aigrette et le blongios nain – plus rares à observer.

À Yvonand, les hérons cendrés peuvent être aperçus sur l'étang situé devant la plateforme paysagère. Lorsque les oiseaux scrutent le plan d'eau, c'est qu'ils sont à l'affût : ils attendent le moment propice pour capturer leur proie, qu'ils saisissent à la vitesse de l'éclair. En plus des poissons, les hérons chassent des petits vertébrés comme des grenouilles ou des larves de coléoptères. Ils peuvent également se trouver loin des lacs et des cours d'eau, en pleines terres agricoles, où ils traquent les campagnols. La parade nuptiale se caractérise par des révérences et des étirements exécutés par le mâle à l'attention de la femelle. Étonnamment, au début de la saison de reproduction, les partenaires affichent des attitudes agressives avant d'adopter un comportement de couple. Ils nichent en principe dans les cimes des arbres, rarement dans les roselières. C'est principalement la femelle qui construit le nid avec du matériel apporté par le mâle. Les deux sexes s'occupent de l'incubation et du nourrissage des jeunes.

La meilleure technique pour les observer est l'affût dans un observatoire, car ces oiseaux majestueux sont réputés farouches. Un simple mouvement sur la tour ou le changement de position de l'appareil peuvent les faire fuir. S'ils ont longtemps été les ennemis des pêcheurs, il arrive que des hérons se postent près des cabanes et attendent les abats rejetés. Du gagnant-gagnant pour les humains comme pour les animaux.

Adresse Tour paysagère, rue du Vieux-Port, 1462 Yvonand | Accès Depuis Yverdon-les-Bains, suivre Yvonand. Se garer sur le parking de la gare | Transports en commun Arrêt CFF Yvonand-Gare. Continuer à pied en direction de la rive | À savoir D'autres colonies de hérons cendrés ont élu domicile sur l'île en face du port d'Auvernier ainsi qu'à Portalban.

Outre les personnes citées dans le livre, je remercie :
Les spécialistes des richesses naturelles que j'ai consultés : Christian Clerc, Antoine Giovannini, Didier Gobbo, Sebastian Poirier, Thierry Pellet, Johanna Ramos, Christophe Sahli.

Les spécialistes des richesses historiques et patrimoniales : Heinrich Christian Affolter, Jean-Pierre Anderegg, Lionel Bartolini, Alain Chardonnens, Yves Demarta, Christophe d'Épagnier, Daniel de Raemy, Yves Dubois, Frank Fischer, Nicole Froidevaux, Daniel Glauser, Anne-Laure Juillerat, Philippe Lüscher, Peter Marthaler, Georges de Montmollin, Grégoire Oguey, René Perdrix, Claire Piguet, Daniela Schneuwly-Poffet, Philippe Terrier, Peter Ward Jones.

Ceux qui m'ont ouvert les portes de leur maison : Chantal Arnez, Albert et Georgette Banderet, Alix Biétry et famille, Corrado et Stéphanie Gioia, Caroline et Mike Gueissaz Lacey, Nicole et François Heusch, Isabelle de Montmollin, David Sanchez.

Et encore : Gaetan Aeby, Ago Alerti, Marc Atallah, Olivier Attinger, Thomas Baillod, Myriam Blanchoud Vuilliomenet, Lucien Barrelet, Elisabeth Bernouilli, Christoph Blocher, Yves Bucher, Christoph Bürki, Christine Burgat, Eric Chassot, Bruno Deschamps, Pierre Dessemontet, Michel Ding, Matteo Dufour, Martine Dutruit, Joëlle Fahrni, Dominique Gouzi, Paola Heyd-Mussi, Christian Humbert, Charly Madörin, Michel Porchet, Barbara Pfister, Jean-François Righetti, Maxime Rognon, Daniel Rotsch, Joanna Rouiller, Tildy Schmid, Annette Schwab, Marianne Schwab, Lisa Skory, Florian Spicher, Jürg Stäubli, Benno Strimer, Janine von Arx.

Mon papa, qui m'a accompagné dans plusieurs visites.

Ma reconnaissance également à Audrey des Éditions Emons pour sa confiance et le suivi tout au long de ce projet.

Un grand merci enfin aux communes d'Avenches, Estavayer-le-Lac, La Grande Béroche, La Tène et Yverdon-les-Bains qui ont soutenu la réalisation de ce livre.

André Vallana a participé à la campagne qui a permis de mettre sous protection la rive sud du lac de Neuchâtel alors qu'il était encore adolescent ! Depuis, son amour pour le lac n'a pas faibli. En plus de son intérêt pour ses richesses naturelles, il se passionne pour l'histoire de sa région, à laquelle il a consacré plusieurs documentaires télévisuels.

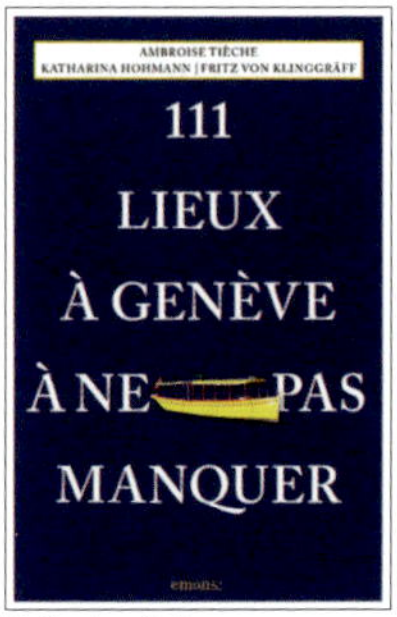

Katharina Hohmann,
Fritz von Klinggräff, Ambroise Tièche
111 Lieux à Genève
à ne pas manquer
ISBN 978-3-7408-2097-8

Ulrich Doepper,
Pierre Thomas, Michel Zendali
111 Lieux à Lausanne
à ne pas manquer
ISBN 978-3-7408-1561-5

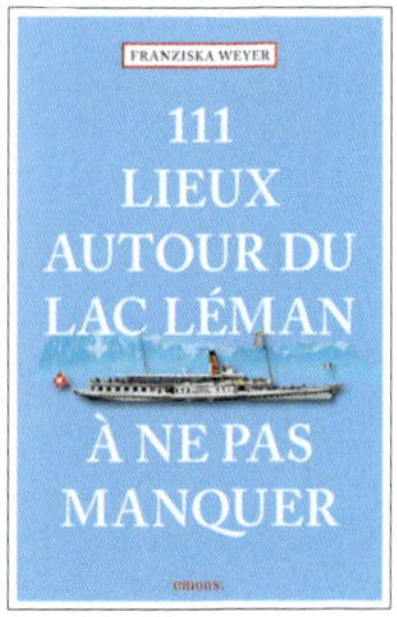

Franziska Weyer
111 Lieux autour du lac Léman
à ne pas manquer
ISBN 978-3-7408-1596-7

Tatjana Erard
111 Lieux à Fribourg
à ne pas manquer
ISBN 978-3-7408-1722-0

Sonja Muhlert
111 Lieux à Bienne
à ne pas manquer
ISBN 978-3-7408-1024-5

Mercedes Korzeniowski-Kneule
111 Lieux à Bâle
à ne pas manquer
ISBN 978-3-7408-1023-8

Patricia Almeida
111 Lieux en Valais
à ne pas manquer
ISBN 978-3-7408-1851-7

Benjamin Amiguet, Marc Voltenauer
111 Lieux des Alpes vaudoises à
ne pas manquer
ISBN 978-3-7408-1366-6

Rüdiger Liedtke, Kay Walter
111 Lieux à Bruxelles
à ne pas manquer
ISBN 978-3-7408-0830-3

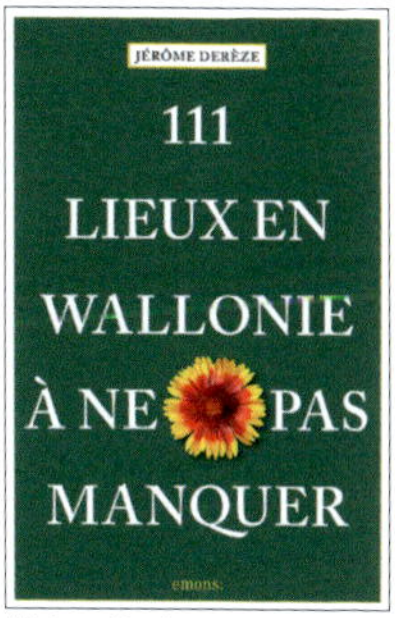

Jérôme Derèze
111 Lieux en Wallonie
à ne pas manquer
ISBN 978-3-7408-1692-6

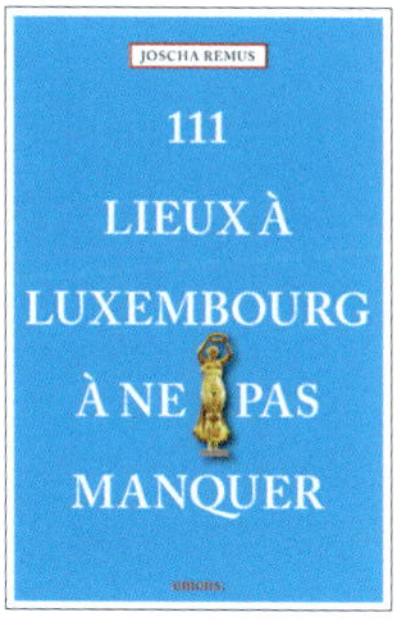

Joscha Remus
111 Lieux à Luxembourg
à ne pas manquer
ISBN 978-3-7408-0811-2

Thibaut Bernardin
111 Lieux à Strasbourg
à ne pas manquer
ISBN 978-3-7408-1022-1

Sophie Nicolas
111 Lieux en Alsace
à ne pas manquer
ISBN 978-3-7408-0698-9

Isabelle Debuchy
111 Lieux à Nancy
à ne pas manquer
ISBN 978-3-7408-1417-5

Jérôme Derèze
111 Lieux en Lorraine
à ne pas manquer
ISBN 978-3-7408-1410-6

Noémie Lacarelle
111 Lieux en Bourgogne
à ne pas manquer
ISBN 978-3-7408-1708-4

Cécile Amarger, Lucie Mauffrey
111 Lieux en Franche-Comté
à ne pas manquer
ISBN 978-3-7408-1053-5

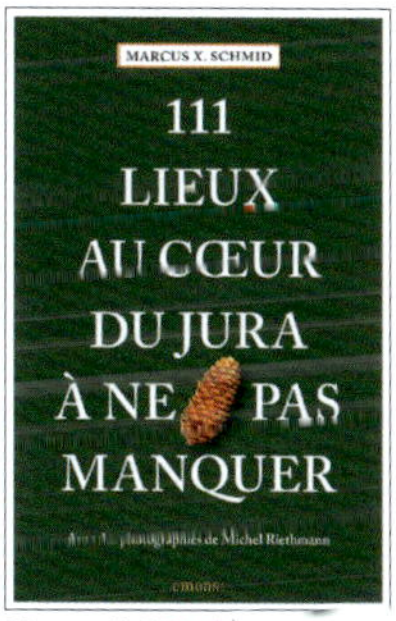

Marcus X. Schmid
111 Lieux au cœur du Jura
à ne pas manquer
ISBN 978-3-7408-1767-1

Souhila Rahmi
111 Lieux à Grenoble
à ne pas manquer
ISBN 978-3-7408-1483-0

Pascale Chappot
111 Lieux dans le Puy-de-Dôme
à ne pas manquer
ISBN 978-3-7408-1852-4

Dominique Milherou
111 Lieux à Marseille
à ne pas manquer
ISBN 978-3-7408-1968-2

Anne Lombardo
111 Lieux à Nice
à ne pas manquer
ISBN 978-3-7408-1883-8

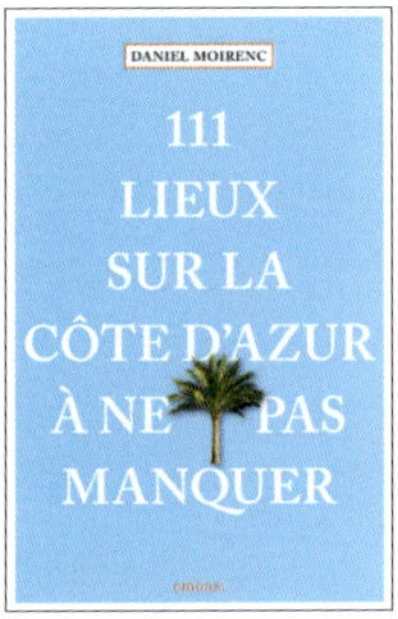

Daniel Moirenc
111 Lieux sur la Côte d'Azur
à ne pas manquer
ISBN 978-3-7408-0700-9

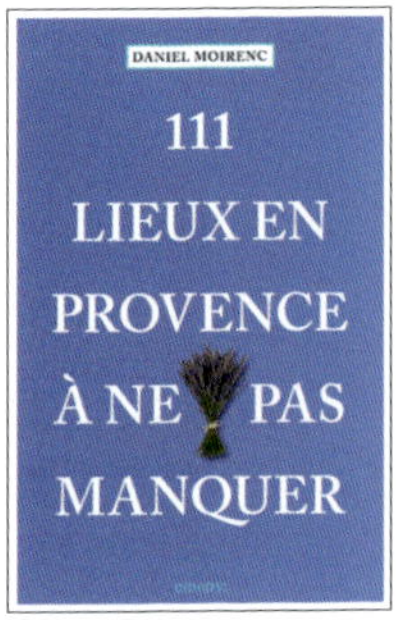

Daniel Moirenc
111 Lieux en Provence
à ne pas manquer
ISBN 978-3-7408-0699-6

Fleur Borde
111 Lieux à Bordeaux
à ne pas manquer
ISBN 978-3-7408-1290-4

Hilke Mauder
111 Lieux à Toulouse
à ne pas manquer
ISBN 978-3-7408-1055-9

Pauline Salembier
111 Lieux à Montpellier
à ne pas manquer
ISBN 978-3-7408-1292-8

Kay Walter
111 Lieux le long du canal du Midi
à ne pas manquer
ISBN 978-3-7408-1054-2

Evelyn Pschak von Rebay
111 Lieux dans les Pyrénées
à ne pas manquer
ISBN 978-3-7408-0809-9

Sybil Canac, Renée Grimaud,
Katia Thomas
111 Lieux à Paris
à ne pas manquer
ISBN 978-3-7408-0697-2

Irène Lassus-Fuchs
111 Goûts à Paris
à ne pas manquer
ISBN 978-3-7408-0713-9

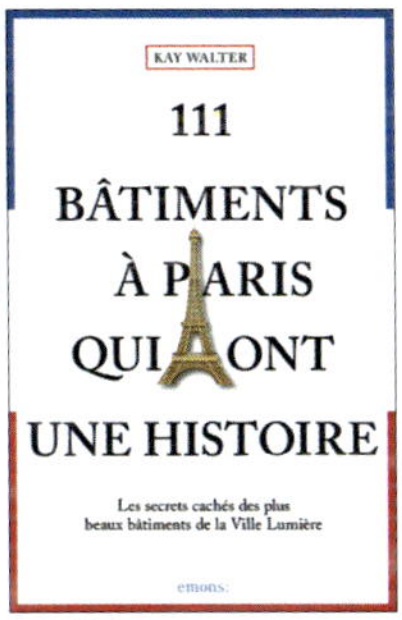

Kay Walter
111 Bâtiments à Paris
qui ont une histoire
ISBN 978-3-7408-1025-2

Anne Carminati
et James Wesolowski
111 Musées à Paris
à ne pas manquer
ISBN 978-3-7408-1048-1

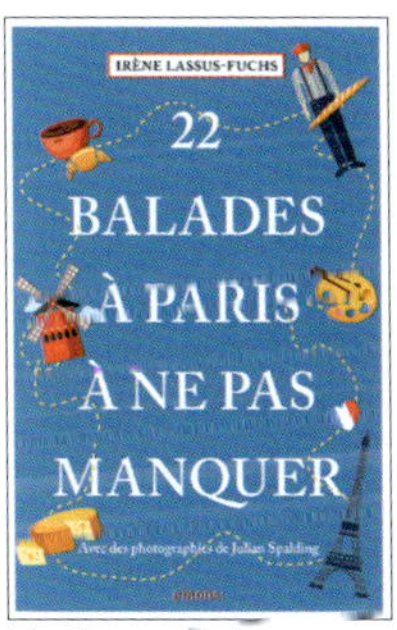

Irène Lassus-Fuchs
22 Balades à Paris
à ne pas manquer
ISBN 978-3-7408-1490-8

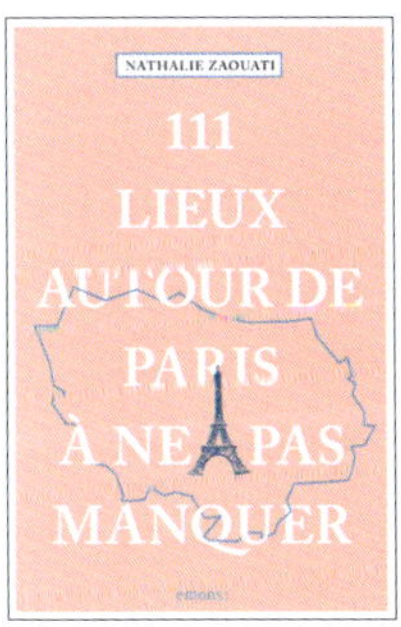

Nathalie Zaouati
111 Lieux autour de Paris
à ne pas manquer
ISBN 978-3-7408-1408-3

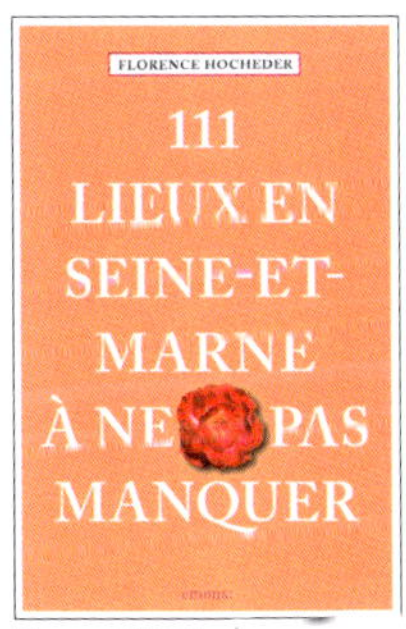

Florence Hocheder
111 Lieux en Seine-et-Marne
à ne pas manquer
ISBN 978-3-7408-1050-4

1
Morteau
Villers-le-Lac
Le Locle
La Sagne
Coffrane
Les Ponts-de-Martel
Montmollin
Rochefort
Colombier
Boudry
Cortaillod
Noiraigue
Travers
Couvet
Bevaix
Fleurier
Gorgier
Montalchez
Saint-Aubin-Sauges
Lac de Neuchâtel
Estavayer-le-Lac
Concise
Onnens
Bullet
Champagne
Châbles
Cheyres
Grandson
Montagny-près-Yverdon
Yverdon-les-Bains
Yvonand
Nuvilly
Chêne-Pâquier
3
Pomy
Molondin
Suchy
A5
A1
A9

Täuffelen
2
La Neuveville
Le Landeron
Lac de Bienne
Cernier
Savagnier
Erlach
Gals
Tschugg
Brüttelen
Fenin-Vilars-Saules
Valangin
Hauterive
Marin-Epagnier
A5
Gampelen
Ins
A20
Fräschels
Müntschemier
Neuchâtel
4
Kerzers
Sugiez
Cudrefin
Ried bei Kerzers
A1
Lac de Neuchâtel
Lugnorre
Lac de Morat
Morat
Delley-Portalban
Gletterens
Saint-Aubin
Gurmels
Chevroux
Avenches
Grandcour
A1
Domdidier
Courtepin
Dompierre
Düdingen
Corcelles
Grolley
Payerne
Fribourg
Prez
Avry
Villars-sur-Glane
Marly
A12
N
0
2 km

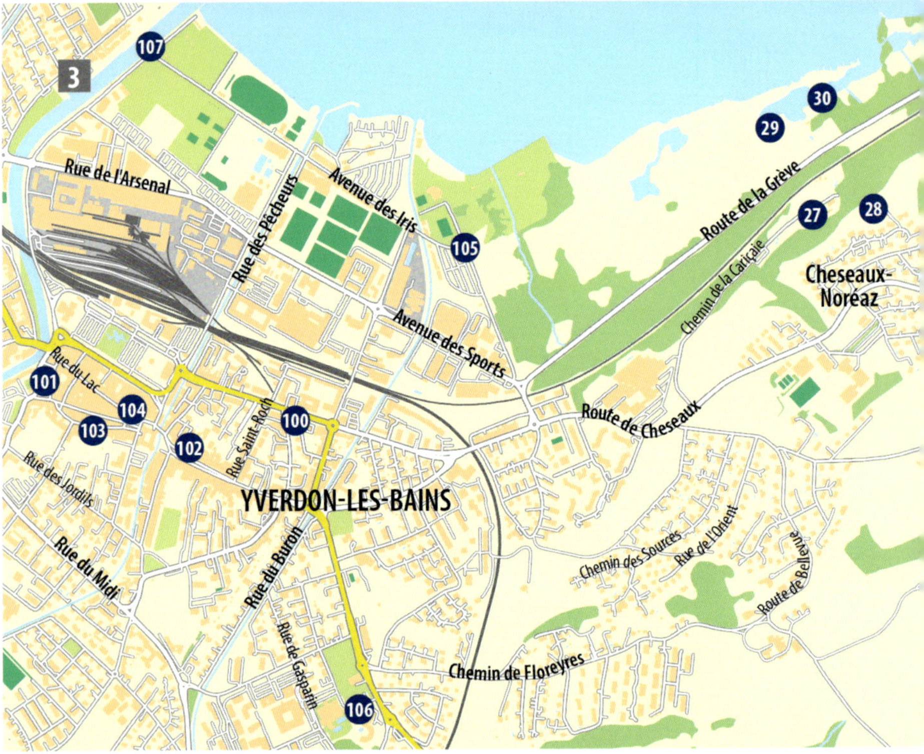
3
107
30
29
Rue de l'Arsenal
Rue des Pêcheurs
Avenue des Iris
Route de la Grève
27
28
105
Chemin de la Cariçaie
Cheseaux-Noréaz
Avenue des Sports
Rue du Lac
101
104
103
100
102
Rue Saint-Roch
Route de Cheseaux
Rue des Jordils
YVERDON-LES-BAINS
Rue du Midi
Rue du Buron
Chemin des Sources
Rue de l'Orient
Route de Bellevue
Rue de Gasparin
Chemin de Floreyres
106

4
Rue du Verger-Rond
Chemin des Pavés
Rue du Rocher
Rue de la Cassarde
Rue de la Côte
Rue du Crêt Taconnet
73
Rue Auguste-Bachelin
80
Avenue de la Gare
Faubourg de l'Hôpital
84
Rue du Seyon
71
77
Faubourg du Lac
Rue des Beaux-Arts
Quai Léopold-Robert
Rue de l'Ecluse
Rue du Château
NEUCHÂTEL
Place Numa-Droz
72
75
74
Rue de l'Evole
Quai Philippe-Godet
Place Pury
78
83
70
82
79